DIDEROT

Vidas e Idéias 3

DENIS
DIDEROT

o espírito das "luzes"

J. Guinsburg

Ateliê Editorial

Direitos reservados e protegidos pela Lei 9.610 de 19.02.1998.
É proibida a reprodução total ou parcial sem autorização,
por escrito, da editora.

Copyright © 2001 Jacó Guinsburg

Dados Internacionais de Catalogação na Publicação (CIP)
(Câmara Brasileira do Livro, SP, Brasil)

Guinsburg, Jacó, 1921-
Dennis Diderot : o espírito das "luzes". /
Jacó Guinsburg. -- São Paulo : Ateliê Editorial, 2001.

ISBN: 85-7480-030-9

1. Diderot, Denis, 1713-1784   2. Filosofia
francesa   3. Iluminismo – França   I. Título

01-2103   CDD-194

Índices para catálogo sistemático:

1. Filosofia francesa   194
2. Filósofos franceses   194

Editor: Plinio Martins Filho
Produtor Editorial: Ricardo Assis

Direitos reservados à
ATELIÊ EDITORIAL
Rua Manuel Pereira Leite, 15
06709-280 – Granja Viana – Cotia – São Paulo
Telefax: (11) 4612-9666
www.atelie.com.br
2001

Foi feito o depósito legal

Sumário

Introdução 9

1. Esboço de um Retrato 11
2. Paisagem de Fundo 45
3. Destaques de uma Obra 55
   Cronologia 121

* Este texto foi publicado em *Diderot. Obras I: Filosofia e Política*, São Paulo, Perspectiva, 2000 (Textos 12).

Introdução

Com Voltaire e Rousseau, Denis Diderot foi uma das figuras seminais do Século das Luzes e da fermentação cultural que levou à Revolução Francesa. Sua obra e suas idéias, não menos que as do autor de *Candide* ou do *Contrato Social*, encontram-se na base não só do movimento do Racionalismo francês ilustrado, como do processo de toda a modernidade filosófica, política, científica, literária e artística. Por isso o estudo de sua contribuição não pode esgotar-se nos numerosos traços já fixados pela crítica tradicional. Uma reavaliação constante de sua significação torna-se uma necessidade, na medida em que o conhecimento histórico se aprofunda e a consciência do papel deste precursor em tantos "campos" da cultura e da ciência se faz mais nítido e é assimilado. O presente estudo é uma tentativa de rastrear, no plano biográfico, sócio-histórico e filosófico-ideológico, alguns desses aspectos.

1

Esboço de um Retrato

Diderot nasceu em Langres, a 5 de outubro de 1713. Filho de um cuteleiro, vinculava-se pelo lado materno a uma família onde havia vários clérigos. Entre estes, encontrava-se o Cônego Vigneron, cuja prebenda podia ser legada. Tal fato foi decisivo na vida de Diderot.

Com efeito, seu pai o encaminhou por essa razão para o sacerdócio. Isso significa que recebeu uma educação. Denis estudou no colégio jesuíta de Langres. Muito bem dotado, distinguiu-se sobretudo em latim e matemática. Contudo, não foi propriamente um aluno bem-comportado. Muito ao contrário, o espírito de independência atraiu sobre ele, muitas vezes, a censura e a vara de seus severos mestres. Assim chegou a pensar em abandonar os estudos. Mas não se deu tão bem, quanto presumira, com o trabalho manual da cutelaria paterna. Retornou, pois, ao colégio, sendo tonsurado em 1726. Envergando sotaina e o título de Sr. Abade, parecia encaminhar-se firmemente para o canonicato.

Essa destinação configurou-se como realizada com a morte, em 1728, do Cônego Vigneron. Como fora previsto, ele indicou Denis para seu sucessor. Mas o Capítulo da catedral suscitou a princípio algumas dificuldades e, pouco depois, o próprio Denis passou a alimentar outro projeto. Quis prosseguir nos estudos e noviciar na Companhia de Jesus. Para tanto, dada a oposição da família, que via no canonicato um objetivo sólido e ao alcance da mão, arquitetou um plano de fuga que foi descoberto pelo pai. Este se decidiu por fim a auspiciar o projeto do filho e o conduziu pessoalmente a Paris, matriculando-o no colégio Louis-le-Grand. Na célebre instituição, Diderot absorveu tudo o que ela tinha a lhe ensinar, lógica, física, moral, metafísica, e isso segundo as boas normas do receituário da casa, isto é, teológico-aristotélico. Investido de tudo quanto o ensino de então podia ministrar-lhe, foi também investido, como era inevitável, do devido título: em 1732 tornou-se *maître des arts* pela Universidade de Paris.

Mas isso nada resolvia. Nem o seu futuro, nem a sua subsistência estavam assegurados. Tinha dezenove anos e, na opinião do bom mestre cuteleiro, era chegada a hora de Denis prover a própria vida. O filho mais uma vez não foi do mesmo parecer. Se concordou por algum tempo em ingressar no ofício de um procurador, não resistiu aí mais do que dois anos. Não sentia a menor atração pelo Direito e o seu desejo ainda era o de aprofundar-se nas Humanidades, realizar uma obra no mundo das letras e das ciências. Desta vez, porém, a oposição paterna foi inflexível e Denis viu-se reduzido àquelas condições que seriam as companheiras fiéis de sua existência, pelo menos quanto ao ganhapão: a necessidade e o expediente.

Mãe é sempre mãe, e não seria nesse caso que o velho rifão iria ser desmentido. Mas os magros vinténs, que Angélique lhe enviava às vezes por meio de uma criada, não podiam evidentemente resolver o problema. Diderot fez o que pôde. Passou fome, tomou emprestado e não pagou, empreendeu mudanças apressadas na calada da noite, pensou seriamente em tomar o hábito de cartuxo, deu aulas de matemática, fabricou sermões para um missionário, chegou mesmo a preceptor do secretário do Rei. Mas não resistiu três meses às caceteações da segurança. Prefere a tudo a liberdade, que é a condição da boêmia. Nela se resume a vida que Diderot leva nesse período: do Procope, café dos autores e atores, ao Regence, café dos enxadristas, das Tulherias ao Luxemburgo, de livreiro em livreiro, das aventuras ancilares aos golpes nos parentes. Largado, descompromissado, vive a vida.

Mas a própria aventura da disponibilidade iria perdê-lo. A estabilização o espreita. Um dia, numa rua dessa Paris setecentista, Diderot cruza com uma moça. Corpo bonito, olhos pretos e vivos, feições bem feitas. Ele a segue. Ela entra numa casa. Ele bate à porta. Abrem-na: um pequeno comércio de roupa branca e rendas. Mãe e filha Champion recebemno. Diderot improvisa uma história: no mês seguinte, iria ingressar no seminário de Saint-Sulpice, mas o enxoval estava incompleto, precisava de algumas camisas. Não quereriam elas confeccioná-las?

Assim penetra na casa da bela Antoinette. Daí para o coração é um passo. Ele o dá: confessa o seu embuste e a sua paixão. Uma coisa justifica a outra, não só aos olhos de Diderot. Ela lhe perdoa e de maneira tão completa que se torna sua amante. Mas desta vez o boêmio escaldado foi apanhado, está preso por um sentimento de que não se desvencilha. Resolve arcar com as conseqüências: pede a mão de sua amada. Ela o aceita, mas o pai dele não a aceita. Não só recusa o seu consentimento, como manda prender o filho relapso. Diderot foge, cai doente, é encontrado em estado de comiseração por Nanette e sua mãe. O desenlace, que é um enlace, está à vista à meia-noite do dia 6 de novembro de 1743, ele e ela se casam na Igreja de Saint-Pierre-aux-Boeufs, destinada aos matrimônios clandestinos.

De um ou de outro modo, ei-lo amarrado. Precisa ganhar dinheiro. Põe-se a traduzir. Em agosto de 1744 nasce Angélique, a primeira filha do casal. Mas nem esse evento já consegue apagar a incompatibilidade que desde logo se manifesta entre marido e mulher. Denis é a desordem personificada e Antoinette, a ordem. Um entrega-se a tudo quanto o outro refreia. Além disso, o diabo não vira ermitão. O gosto pela vida das ruas, pelos bate-papos de café não decresceu. Muito ao contrário. Agora, retoma o fôlego nessa atmosfera. Sobretudo no Regence. Aí tem um amigo, um amigo de verdade. É Jean-Jacques Rousseau. Conhecera-o dois anos antes. O genebrino sonhava então em dar xeque-mate não só nas partidas que jogava, mas também em Paris, com uma comédia intitulada *Narciso* e um novo sistema de notação musical. Em 1744, a paixão de Rousseau é outra: a música italiana que, no interregno, viera a conhecer em Veneza. Mas o centro de interesse dos dois amigos é a filosofia. Discutem Montaigne, Descartes, Spinoza, Malebranche, Bayle, Montesquieu, Locke e Shaftesbury. Rousseau apresenta Diderot a Condillac.

DENIS DIDEROT

Mas à soleira da casa a serenidade filosófica o abandona. A situação doméstica vai de mal a pior. A pequena Angélique morreu. Diderot vive de traduções mal pagas, como sói acontecer. Começa a desesperar. Tenta reconciliar-se com o pai. Antoinette é a embaixatriz. O resultado da missão é obscuro, por um lado. Por outro, todavia, é certo. Com a ausência da mulher, Diderot resolve os seus apertos. E mais uma vez mediante um expediente: arranja uma amante. Trata-se da esposa de outro plumitivo, a cujo aperfeiçoamento estilístico e filosófico ele se dedicara. A Sra. de Puisieux tem muitas coisas, mas uma lhe falta absolutamente: dinheiro. Amorosamente, confia ao amante o cuidado de supri-lo. O jeito é, pois, trabalhar.

Ora, nesse preciso momento surge o convite de Briasson, Durand e David. Estes três livreiros, associados ao impressor Le Breton, haviam concebido o projeto de traduzir a enciclopédia inglesa Chambers, em cinco volumes. Mas os editores tinham-se desentendido com o primeiro responsável pela concretização do empreendimento, o Abade de Malves, a quem acusavam de espírito extravagan-

17

te. Assim, desejavam transferir a incumbência a Diderot, certos de que ele lhe infundiria bom senso e comedimento. Com a mulher grávida pela segunda vez e a amante cada vez mais sequiosa de pecúnia, Diderot aceitou e prometeu tudo.

Aceitava sob o império da necessidade a grande obra de sua vida: a *Enciclopédia*. Daí por diante, durante trinta anos, mal recompensado, muitas vezes perseguido, quase sempre detratado, prosseguiria obstinadamente em sua realização, que seria a grande realização do espírito do século XVIII.

Logo depois de assumir o encargo pôs-se em campo. Tentou obter o favor real. Aguesseau, o censor das publicações, recusou-se a conceder o beneplácito oficial, mas prometeu favorecer a iniciativa, desde que um teólogo fiscalizasse a matéria perigosa: os artigos de religião e filosofia. A seguir, o Enciclopedista procurou acertar a questão dos colaboradores. Antes de tudo, julgou que, dado o desenvolvimento das ciências, precisaria de um co-diretor especializado. Convidou para a função d'Alembert: grande matemático, membro da Academia de Ciências, a sua participação atraiu prontamente a atenção do mundo intelectual francês. Voltaire, Montesquieu, Fontenelle e Buffon interessaram-se pela obra e prometeram colaborar. Mas não se devia esperar muito dessas celebridades. Os planos estabelecidos, principalmente no salão da Sra. du Deffand, esteavam-se antes em: J.-J. Rousseau, para a música; Daubeton, para a história natural; o Abade Mallet, para a teologia; Dumarsais, para a gramática; o Abade Yvon, para a metafísica, a moral e a lógica; Toussaint, para a jurisprudência; Le Blond, para as fortificações e a tática; Eydoux, para a heráldica; d'Angeville, para a hidráulica e a jardinagem; La Chapelle, para a aritmética e a geometria elementares; Le Rou, para os instrumentos de astronomia e a relojoaria; Belin, para a marinha; o Dr. Tarin, para a anatomia e a fisiologia; Louis, para a cirurgia; de Vandenesse, para a medicina e a farmácia; Maloin, para a química; Landois, para a pintura, a escultura e a gravura; e Bolnder, para a arquitetura. Diderot tomou para si os artigos relativos à história da filosofia, dos ofícios, e os temas recusados por outrem. Caber-lhe-ia escrever o "Prospecto" e a d'Alembert, o "Discurso Preliminar" da *Enciclopédia*.

Mas o Enciclopedista é homem de muitos encargos. Cem libras não bastam para acorrer aos partos da Sra. Diderot e às demandas da Sra. de Puisieux. Ambos os imperativos eram irrecusáveis. Para satisfazê-los, Diderot, ao mesmo tempo que trabalhava na *Enciclopédia*, redigia várias obras anônimas. Em 1746, publicou os *Pensamentos Filosóficos*, que lhe renderam cinqüenta luíses. E mais do que isso, a condenação do Parlamento, afrontado pelo vago cristianismo e forte deísmo com que o autor parece sustentar os direitos da razão e da crítica em face da crença e da revelação. Mas a sentença não assusta Diderot. Ele não só escreve *O Passeio do Céptico*, como se gaba de seu atrevimento num café. A conseqüência é que um belo dia recebe a visita da polícia, que lhe confisca o manuscrito. A denúncia fora do cura de sua paróquia. Era preciso procurar apressadamente outra freguesia...

Ainda assim, Diderot insiste, aliás, cedendo à insistência monetária da Sra. de Puisieux, e escreve a *Suficiência da Religião Natural*, que não ousa publicar. Seguem-se *Les Bijoux Indiscrets*, que causam escândalo mas se vendem bem. Porém as críticas são tantas que o autor desiste de imprimir a alegoria priápica *L'Oiseau, Blanc, Conte Bleu*. O *Pássaro* sacrificado já não consegue, àquela altura dos acontecimentos, aplacar a cólera dos deuses. A polícia estava de olho em Diderot. Não só pelo que já sabia dele, mas também porque vigiava particularmente, naquele momento de intranqüilidade e insatisfação popular, após a primeira Guerra dos Sete Anos, todos aqueles que se dedicavam ao nobre mister de compor sátiras e coplas de algum modo subversivas. E desta vez Diderot não pôde escapar. Foi preso e, estando a Bastilha de lotação completa, conduzido ao castelo de Vincennes.

Tudo parecia ameaçado. A família estava sem recursos e a *Enciclopédia*, sem timão. Dois barcos à deriva. Esposa e editores conjugam-se nos seus rogos às autoridades. A princípio, em vão. Contudo, um mês depois, em agosto de 1749, conseguem uma situação mais favorável. O próprio Diderot contribui para alcançá-la, graças a uma atuação mais hábil nos interrogatórios. Em vez de negar a autoria de tudo, reconheceu-se responsável pelas obras que lhe eram atribuídas, à exceção do famigerado

Pássaro. Essas confissões e súplicas acabaram surtindo efeito.

A incomunicabilidade de Diderot cessou em agosto de 1749. Embora ainda encerrado no castelo, pode movimentar-se livremente por suas dependências e jardins, receber a mulher, os amigos, os editores, e retomar o trabalho da *Enciclopédia.* Desse período, setembro de 1749, procede a famosa resposta de Rousseau à Academia de Dijon, o *Discurso sobre as Artes e as Ciências,* cujo germe residiria numa sugestão de Diderot. Pelo menos é a versão deste, pois a de Rousseau é que a idéia lhe ocorrera no caminho de Vincennes. Seja qual for a sua origem, o fato é que deu origem ao futuro rompimento entre os dois amigos. Vincennes também está ligada a outra vicissitude sentimental na vida de Diderot. Com efeito, tendo saltado o muro da prisão a fim de ir romanticamente à procura da Sra. de Puisieux, verifica que ela o engana mui classicamente. A paixão dele arrefece.

Em novembro do mesmo ano, Diderot é finalmente solto, mercê dos esforços de seus editores. Se o período subseqüente não é dos mais felizes em sua vida particular, pois perde dois filhos sucessivamente, a *Enciclopédia* começa a tornar-se uma realidade. Em 1750 são concluídos os primeiros artigos e, como estava previsto, Diderot redige o "Prospecto" – preço: 280 libras para os subscritores e 372 para os compradores avulsos; 8 tomos e 600 pranchas; quanto à diretriz da obra... O seu simples anúncio esboça imediatamente duas correntes. A Academia de Berlim inscreve, em fevereiro de 1751, o Enciclopedista entre os seus membros, ao passo que o *Journal* de Trévoux, orientado pelos jesuítas e pelo Padre Berthier, investe contra as concepções anunciadas.

O tomo I da *Enciclopédia* sai do prelo a primeiro de julho de 1752. Dedicado ao Conde d'Argenson, insere, com a letra A, o "Discurso Preliminar" de d'Alembert e os artigos "arte" e "autoridade pública". A publicação suscita vivo movimento de opinião. Canções, epigramas e libelos sucedem-se, acentuando o antagonismo entre partidários e adversários da *Enciclopédia.* Voltaire e Rousseau saúdam-na com entusiasmo, enquanto J. F. Boyer, preceptor do Delfim, sustenta junto ao Rei que ela constitui ameaça à religião.

No ano seguinte aparece o segundo tomo. Precisamente então, o Abade Prades, colaborador e amigo de Diderot, defende uma tese na Sorbonne que atrai a cólera eclesiástica. Prades é obrigado a fugir para a Prússia. Mas a ligação de Diderot com ele é explorada e a tempestade se abate sobre a *Enciclopédia*. Malesherbes, que substituíra d'Argenson no posto, decide suspender a distribuição da obra, a fim de se efetuar a troca dos artigos suspeitos. Mas é tarde, o tomo já estava na rua.

A 7 de fevereiro de 1752, o Conselho de Estado suprime a *Enciclopédia*. Mas, na prática, a sentença permanece sem efeito. Malesherbes, amigo de Diderot, previne-o das medidas projetadas contra ele. Diderot, após uma ligeira ausência, retorna a Paris e ao empreendimento enciclopédico, que já conta 2000 subscritores. Levantada a proibição em 1753, surge o terceiro tomo, com o prefácio de d'Alembert, tido como mais moderado do que o seu co-diretor. Daí por diante, apesar dos protestos e ataques, dos embaraços com os editores e os colaboradores, abre-se um intervalo de quatro anos de calma, que permite o lançamento do quarto, quinto e sexto tomos.

Entretanto, em 1757 um atentado contra Luís XV põe termo a essa tranqüilidade. O governo adota medidas rigorosas contra as impressões clandestinas, punindo-as de morte. D'Alembert e os responsáveis pela edição ficam assustados. O seu temor é encarecido por uma maré montante de acusações e panfletos contra os Enciclopedistas. É a guerra contra os *Cacaouacs*, alcunha que estigmatiza os participantes da grande empreitada e que se deve a dois escritos do advogado Jacob-Nicolas Moreau. Não só essas investidas, como uma série de acontecimentos focalizam vivamente a questão. Assim, o artigo "Genebra", de d'Alembert, provoca a carta sobre os espetáculos de Rousseau e uma onda de debates de natureza política e religiosa. Ao mesmo tempo, Diderot é acusado de plagiar Goldoni em sua peça *O Filho Natural* e desencadeia o acerbo ataque de Palissot nas *Pequenas Cartas sobre Grandes Filósofos*. Enfim, o Parlamento condena *O Espírito* de Helvetius, e Chaumeix volta-se diretamente contra a *Enciclopédia*. Como se vê, embora reúna a esse tempo 4000 subscritores e esteja no sétimo tomo, e talvez por isso mesmo, a oposição que lhe é feita pelo partido do Delfim e pelos jesuítas recrudesce. O conjunto desses fatores determina uma grande crise, que põe em risco o término da obra.

Primeiro é d'Alembert que deixa de participar. Rousseau bem como Marmontel e Duclos agem do mesmo modo. A tempestade, que se prenunciava, desata-se no ano seguinte. Sob a imputação de "destruir a religião e inspirar a independência dos povos", o privilégio de imprimir a *Enciclopédia* é pura e simplesmente revogado em 8 de março de 1759. As subscrições devem ser reembolsadas, a quem o desejar. Mas ninguém o deseja ou, pelo menos, ninguém se apresenta.

Não obstante essa muda solidariedade, a situação parecia irreversível. Mas Diderot não desanima, nem emigra para a Rússia ou a Prússia, como Voltaire aconselha. Se em Vincennes ele se mostrara frouxo, medroso, agora a sua atitude é decidida. Com o apoio dos editores, convoca uma reunião dos principais colaboradores. D'Alembert comparece, mas não se compromete. Contudo, Holbach e o Cavaleiro de Jaucourt mantêm-se fiéis. É decidida a continuação da obra. Os editores logram o privilégio de publicar as pranchas que complementam a *Enciclopédia*. Quanto ao texto, será impresso no exterior, ficando o livreiro David encarregado de introduzi-lo no país. Novas condições são estipuladas. Diderot será o único responsável, mas o seu nome não figurará. Em compensação, terá melhor retribuição material para levar a cabo a tarefa, que inclui ainda sete tomos. A idéia é lançá-los de uma vez.

O grosso do trabalho recai, pois, agora, sobre Diderot. Em 1766, os últimos volumes são entregues aos subscritores, sob o título de *Encyclopédie ou Dictionnaire Raisonné des Arts et des Métiers*. Mas só em 1772 é concluída a revisão dos últimos volumes de pranchas, que Diderot tomara a si supervisionar. Assim, chega ao fim o maior empreendimento intelectual e editorial do século XVIII. E se, apesar das reiteradas condenações e da clandestinidade, foi possível terminá-lo, isto se deve à tenacidade de seu diretor, à diligência do Cavaleiro de Jaucourt e à proteção de Malesherbes e Sartine, este lugar-tenente da polícia, que souberam fazer vistas grossas quando preciso. No entanto, não foram poucos os momentos críticos. Se o desaparecimento do Delfim e o enfraquecimento do partido devoto, sobretudo após a supressão dos jesuítas, desafogaram um pouco a pressão, o processo do Cavaleiro de La Barre, executado por sacrilégio, reavivou por um momento a guerra da *Enciclopédia*. Outro instante delicado sobreveio em 1764. Diderot descobriu então, ao reler certos artigos, que Le Breton, à sua revelia, abrandara ou eliminara determinadas passagens. A indignação do Enciclopedista não teve limites e, durante muitos anos, permaneceu rompido com ele, perdoando-lhe apenas no fim da vida.

No que concerne aos resultados, a *Enciclopédia*, como toda obra que se preza, produziu dois: glória para os autores e fortuna para os editores. O próprio Diderot o constata, nos seguintes termos:

Não é estranho que eu tenha trabalhado trinta anos para os sócios da *Enciclopédia*, que minha vida se tenha passado, que a eles restem dois milhões e que eu não tenha sequer um soldo? A dar-lhes ouvido, devo estar muito feliz por ter vivido.

Apesar de seu vulto, a *Enciclopédia*, durante todos esses anos, só constituiu parte da atividade de Diderot. Pois, paralelamente a ela foi elaborando uma larga obra pessoal. Datam dessa época o seu teatro (*O Filho Natural*, 1757; *O Pai de Família*, 1756), obras romanceadas como *A Religiosa* (1760), *O Sobrinho de Rameau* (1762), além de escritos como *A Carta Sobre os Cegos* (1749), *Carta Sobre os Surdos-Mudos* (1751), *Pensamentos Sobre a Interpretação da Natureza* (1754), *Discurso Sobre a Poesia Dramática* (1758), bem como a maior parte dos nove *Salões* (1759-1781). É preciso observar, porém, que um dos períodos mais fecundos de Diderot é o que coincide praticamente com o término da *Enciclopédia*. Com efeito, é da década de 1770 que procedem o *Diálogo Entre d'Alembert e Diderot*, *O Sonho de d'Alembert* e a *Continuação do Diálogo* (todos os três de 1769), o *Suplemento à Viagem de Bougainville* (1772), *Lamentações Sobre o Meu Velho Chambre* (1772), *Colóquio de um Pai com seus Filhos* (1773), *O Paradoxo sobre o Comediante* (1773), *Jacques, o Fatalista* (1773), os *Elementos de Fisiologia* (1774 a 1780), o *Diálogo de um Filósofo com a Marechala...* (1776), o *Ensaio sobre os Reinados de Cláudio e Nero* (1776 a 1782). Isto, para citar alguns títulos de uma obra que permaneceu em boa parte inédita durante a vida do autor, cuja edição mais completa data do fim do século XIX (Garnier Frères) e compreende vinte volumes, afora a correspondência publicada em grande parte a partir de 1930. Nesse conjunto, que de certo modo emoldura tudo o que Diderot concebeu e exprimiu na *Enciclopédia,* é fácil discernir, além do cultivo da filosofia e das ciências, o interesse não menor pelas belas-letras, pelas artes plásticas, pelo teatro e pela música. É algo realmente enciclopédico. Mas no quadro de uma personalidade que, ao contrário da imagem clássica do erudito, era toda feita de vida e animação. Sangüíneo, tagarela, apaixonado, Diderot tinha o gosto da conversação e da sociedade, como indicam o seu pendor para o diálogo e a sua vasta correspondência. Amava os prazeres do espírito tanto quanto os do corpo. Via no homem, em primeiro lugar, um ser vivo, natural. A naturalidade foi o seu critério em tudo.

Embora extremamente sociável, como foi dito, Diderot recebia muito pouco. A exigüidade de suas acomodações – vivia com a mulher e a única filha, Angélique, que sobrevivera, num pequeno apartamento, enquanto sua biblioteca ficava num sótão, numa espécie de "celeiro" – a modéstia de seus recursos e seus compromissos de trabalho impediam-no de fazê-lo. A imagem de Diderot em sua casa é a do "homem que trabalha", do escritor solitário, infatigável, como ele próprio se retratou nas lamentações sobre o seu velho chambre.

Mas as razões desse isolamento no seu "celeiro" nem sempre eram as da produção. Freqüentemente, trancava-se lá para escapar às cenas e às repreensões da mulher, às quais alude repetidamente nas cartas. Era o preço que o operoso mestre das letras pagava pelas estroinices do artista. Com efeito, em Diderot os dois, o burguês e o boêmio, coabitavam. Se no reino de Antoinette, de seus hábitos morigerados, parcimoniosos, e no quadro de um cotidiano caseiro e laborioso, o primeiro salientava-se, na rua, nos cafés, nos salões, o segundo punha a cabeça e a língua para fora. Imediatamente ressaltava o espírito brilhante, o conversador inigualável, galante, malicioso, cuja frase era fácil e cujo encanto era certo. É claro que tudo quanto o primeiro se empenhava em ganhar o segundo se empenhava em dissipar. Com referência a isso, escreve a filha de Diderot:

> Ele era muito gastador. Gostava de jogar, jogava mal e perdia tudo. Tinha a paixão das estampas, das pedras gravadas, das miniaturas; dava essas coisas de presente logo depois de comprá-las; mas precisava de um pouco de dinheiro para pagá-las.

Para isso, sobrecarregava-se, escrevia discursos para advogados, petições ao Rei, ao Parlamento, e inúmeras outras peças de redação que eram muito valorizadas: na razão direta de sua aparência e na inversa de sua essência.

No entanto, Diderot é um pai dedicado. Sobretudo à medida que a filha vai se tornando moça, dispensa-lhe cuidados crescentes. Faz com ela freqüentes passeios educativos. E um belo dia, no curso de um desses giros, imagina algo que, na época, faria corar as pedras das ruas: falar à filha sobre a natureza das funções masculinas e femininas, dar-lhe educação sexual. Não só imagina, como ousa fazê-lo, e considera o resultado bastante satisfatório para recomendá-lo aos educadores em geral.

Diderot, além daquela conversa diária consigo próprio num banco do Palais-Royal, onde "abandona o espírito a toda sua libertinagem", e das partidas de xadrez a que assiste no Regence, sai muito. Fundamentalmente freqüenta quatro grupos de amigos.

O primeiro era o que se formava à volta de Julie de Lespinasse, amante de d'Alembert. As relações com esse círculo sofreram, contudo, certo arrefecimento em 1759, com a crise da *Enciclopédia* e a atitude de d'Alembert. O distanciamento acentuou-se com a reação da Srta. de l'Espinasse e de seu amigo em face do *Sonho de d'Alembert*. Diderot, satisfeito com o que compusera, leu o escrito aos protagonistas. A opinião deles não foi tão satisfatória: exigiram que o trabalho fosse destruído. Felizmente o autor não cedeu à intimação. Nem por isso rompeu, ao que parece, com d'Alembert, perdoando-lhe a sua prudente deserção e a sua cupidez de dinheiro.

Outra tertúlia era a que tinha como centro a Sra. d'Epinay. Aí, tomou o lugar ocupado durante algum tempo por Rousseau. E, apesar das prevenções iniciais, tornou-se confidente da Sra. d'Epinay e de seus dissabores com Grimm, que era amante dela. Diderot consagrava grande amizade ao redator da *Correspondência Literária*. Tinha em alta conta a sua inteligência e virtude, embora se chocasse às vezes com seu caráter frio, duro e complicado. A pedido de Grimm, escreve os seus *Salões*. Em quinze dias, compõe o equivalente a dois volumes, sem que possa esperar grande coisa desse esforço, pois a *Correspondência* circula em poucas cópias para um pequeno público, de grande valor sem dúvida. Diderot ajuda o amigo no que pode. Cuida da *Correspondência* quando ele viaja e ajuda-o também no convívio com a Sra. d'Epinay. É hóspede assíduo das propriedades que ela possui no campo e é por causa dela que se indispõe definitivamente com Rousseau. Com efeito, as indelicadezas deste para com a sua benfeitora e para com Saint-Lambert, amante da Sra. d'Houdetot, provocam uma cena terrível entre os dois antigos amigos. No salão da Sra. d'Epinay,

Diderot desfrutava da sociedade da Sra. d'Houdetot, do poeta Saint-Lambert, do Marquês de Croixmare, intimamente ligado às peripécias descritas em *A Religiosa*, de Vallet de Villeneuve, futuro avô de George Sand, de Carmontelle, desenhista e escritor, de Sedaine, dramaturgo a quem Diderot era muito afeiçoado, de Saurin, que Voltaire comparava a Corneille, do brilhante Abade Galiani, economista e literato, do Abade Raynal, historiador e filósofo, e de muitos expoentes do *esprit* do século XVIII. Boa parte desse grupo freqüentava também a casa do Barão d'Holbach, o terceiro círculo de amizades de Diderot.

A suntuosa mansão do autor do *Sistema da Natureza* é a "sinagoga" dos Enciclopedistas, como eles a denominavam. Aí, e no belo castelo de Grandval, pertencente à sogra do barão, a liberdade e a distensão imperam. Em meio a grande cordialidade, come-se muito bem, discute-se a respeito de tudo: sistemas econômicos e políticos, indústria, impostos, literatura, belas-artes, costumes, amor, estética, moral, ciências. A música é tema de vivos debates, sobretudo por causa dos Bufos italianos. As mulheres comentam tudo, com palavras e gestos dos mais ousados. A frase desabrida, a *tournure,* o trocadilho, o jogo da inteligência executam nessas reuniões os seus movimentos mais arrojados. É a cultura setecentista no que ela tem de mais sério e mais lúdico. É a grande ópera. E o tenor é Diderot. É então que surge em sua plenitude, não o sonhador solitário dos bancos de jardim público, mas o *causeur* da sociedade, o dialogador de todos os temas. É ele quem marca o compasso dessas reuniões. Dá-lhes a nota.

Mas entre as casas da Sra. d'Epinay e do Sr. d'Holbach, Diderot ainda encontrava tempo para conviver com um quarto círculo, o de Volland. Por volta de 1756, quando de uma viagem de sua mulher a Langres, conheceu Sophie Volland e apaixonou-se por ela. Pouco se sabe a respeito dela, exceto que era filha de Jean-Robert Volland, preposto para o abastecimento de sal, e que tinha duas irmãs, a Sra. Legendre e a Sra. Blacy, mãe de um filho que estava nas colônias e de uma filha que era cega (ver "Adições à Carta sobre os Cegos"). Diderot contava então quarenta e três anos e estava em plena maturidade. Ela devia ser três anos mais jovem. Era uma solteirona, magra, que usava óculos. Seria bonita? É difícil dizer. Mas havia de ter outras qualidades, pois Diderot a considerava a sua mulher ideal. Seria pela inteligência, pelas virtudes ou pelo temperamento? Em todo caso, é certo que a vinculação entre ambos foi bem real. Aliás, para a índole, os hábitos e os gostos de Diderot seria de fato extraordinário que fosse apenas platônica, como se pretendeu. Esse amor no entanto singular foi uma sorte. Pois, contrariado pela mãe de Sophie, que guardou a filha no castelo de Isle-sur-Marne, deu origem a essa obra-prima da literatura epistolar que é a *Correspondência*. Iniciada em 1759, quando Diderot se achava em Langres para tratar da herança paterna, ela nos abre o coração e o pensamento do Filósofo. Este oferendava a seu ídolo os seus sentimentos, as suas reflexões e a sua arte. As últimas cartas procedem de 1774. Nelas, Diderot trata a Sra. Volland de mamãe e dirige-se, amiúde, não só a Sophie, como às três irmãs. Parecia estar incorporado à família. E na verdade estava, pelo menos à luz dessa *Correspondência* imortal. Não se sabe bem qual a data da morte de Sophie Volland, mas o seu terno correspondente a chorou amargamente e não demorou em segui-la ao túmulo.

Pelo jogo de todos esses espelhos em que se refletiu a vida de Diderot, a sua figura histórica se apresenta multifacetada. À reverberação de cada meio, de cada grupo, em cujo âmbito "existiu" e atuou, a sua imagem se modifica, sem que seja possível chegar-se realmente a uma só, a não ser àquela que se forma pela justaposição das várias fisionomias propostas. Se o retrato assim obtido se faz bastante abstrato, a culpa é da própria natureza da sobrevivência histórica. Esta se processa apenas por meio da caracterização, da tipificação, da redução ao geral daquilo que em si é irredutivelmente particular.

Semelhante consideração impõe que, ao se efetuar o levantamento biográfico de Diderot, não se deva esquecer de fixar uma de suas figurações, a do Filósofo. Para o Século da Ilustração, Diderot foi uma das encarnações máximas do Sábio. De seu sábio, dir-se-ia hoje. Se após a desordenação romântica e a relativização positivista, acrescentamos hoje tranqüilamente o Dr. Jekyll a Mr. Hyde, o sábio ao louco, o boêmio ao burguês, o libertino ao moralista, o derramado sentimental ao frio *raisonneur*, isso não impede que o seu tempo visse nele a revivescência de um daqueles modelos que a cultura clássica lhe legara. Sêneca, Marco Aurélio sob o Pórtico de Paris, ainda que isso saiba um pouco a essas estátuas do *antique*, à afirmação enfática das virtudes morais do Marquês de Sade.

Seja como for, é sob esse prisma que se deve compreender as suas relações, por exemplo, com os "déspotas esclarecidos", principalmente com Catarina II. A Imperatriz de todas as Rússias cumula o filho do cuteleiro de gentilezas e favores. Compra a sua biblioteca. Confia-lhe a sua guarda, com a pensão de 1000 libras anuais, adiantando-lhe o total dessa pensão por cinqüenta anos, 50000 libras. Convida-o com insistência para ir à Rússia, ao que ele acede, por fim, num momento em que a *Enciclopédia* está terminada, a filha casada, a paixão amorosa extinta, o projeto de vida concluído. Faltam-lhe, pois, apenas algumas demãos. Entre elas está o *gesto* que, em nome do *eros* da gratidão, unirá a majestade da filosofia à filosofia da majestade

– a união ideal do rei-filósofo com que desde Platão sonha o Espírito. Com efeito, tudo o que há de real nessas duas criaturas se opõe, e a tal ponto que podem neutralizar-se mutuamente na gratuidade do gesto. Imóveis, ele, burguês na vestimenta insólita, na gesticulação intempestiva, nas familiaridades algo vulgares, nas gafes, e nas sugestões morais, sociais e políticas, ela, a realeza personificada, herdeira teutônica de Bizâncio, "alma de Bruto no corpo de Cleópatra", imóveis, os dois posam no gesto que os abstrai de sua verdadeira condição, que os eleva à esfera do modelo ideal que procuram imitar, e que, não obstante isso, surge carregado das realidades essenciais de uma época – a deles.

Catarina ultrapassou as expectativas do Filósofo. Por sua vez, ele lhe agradou muito, esteve à altura de sua reputação. Entre ambos tudo foi fácil, à vontade, embora a czarina precisasse defender-se às vezes da familiaridade do Enciclopedista com uma pequena mesinha, limite da intimidade transcendental...

Em 1774, carregado de preciosos presentes e importantes incumbências, Diderot regressa. Entre os encargos figuram: imprimir na Holanda o plano dos estabelecimentos fundados pela imperatriz, redigir um programa para a organização das Universidades russas e realizar uma edição abreviada da *Enciclopédia*, que seria expurgada de suas inutilidades. Mas se não houve dificuldade para desempenhar-se das duas primeiras tarefas, a última mostrou-se inviável. Diderot passara o momento de sua ação. Não era um morto-vivo. Muito ao contrário. Mas não tinha alento para os grandes vôos. Ia viver os últimos dez anos de sua vida.

Tudo mudara, inclusive a atmosfera da França. O primeiro rei-burguês, a primeira versão da efígie real no século XIX, sentara-se no trono dos Capetos na pessoa de Luís XVI. Diderot ia tomar ar no campo, envelhecia e com ele o seu mundo: o Barão d'Holbach, a Sra. Geoffrin, a Sra. d'Epinay. A paz chegava, inclusive a paz doméstica. Após tantos anos de luta renhida, o casal Diderot havia ensarilhado armas. Vivia na melhor das harmonias.

Em 1778, Voltaire veio a Paris e os dois grandes luminares do Século das Luzes encontraram-se pela primeira e última vez. Pouco depois, o acerado Patriarca morria e Rousseau o acompanhava. Começara o apagar das luzes.

Em 1784, Diderot teve um escarro de sangue. Grimm informou a Catarina II do perigo que representava para o Filósofo o quinto andar onde morava. A imperatriz esboça então outro gesto, o derradeiro: aluga-lhe um apartamento ao rés-do-chão. Mas antes de se instalar nele, Diderot sofreu uma fluxão do peito, acompanhada pouco depois de um ataque de apoplexia. Ele se restabelece, o suficiente para entrar na moldura de seu final. Com efeito, na manhã de 29 de julho diz aos operários que montavam sua cama: "Meus caros, vocês estão se dando muito trabalho para um móvel que não me servirá quatro dias". E, na mesma noite, aos amigos que vieram visitá-lo: "O primeiro passo para a filosofia é a incredulidade..." É o seu testamento filosófico. Pois, no outro dia, ao terminar de almoçar, escreve a filha, "ele apoiou o cotovelo para apanhar a compota de cereja. Nesse momento tossiu ligeiramente. A Sra. Diderot fez uma pergunta que ele não respondeu. Ela levantou a cabeça. Ele estava morto".

Incréu e pobre enquanto viveu, Diderot teve enterro de rico e crente. Graças aos esforços de seu genro, Sr. de Vandeul, não se consumou o que a piedosa Antoinette sempre temera que acontecesse: uma morte de cão. Pois o bom cura de Saint Roch concordou em receber o corpo e encomendá-lo, para a paz do morto no céu e dos vivos na terra.

2

Paisagem de Fundo

Uma simples biografia não basta para dimensionar o contexto em que ocorre uma obra como a de Diderot, múltipla, permeada de influências e de evoluções. Tanto quanto a de Voltaire e Rousseau, tem ela, no devido nível e nas devidas proporções, esse caráter especular que a converte em reflexo e síntese projetada das condições, dos antagonismos, das aspirações e da consciência que constituem o processo histórico do século XVIII na França e na Europa da Ilustração. Daí por que não se pode fugir de uma caracterização, mesmo que ligeira, e sem lhe reconhecer qualquer primado absoluto, desse fundo sociocultural e de seu dinamismo.

Mais do que em qualquer outro momento, a partir da Renascença, a Europa setecentista é palco de importantes transformações estruturais. Seu ritmo parece acelerar-se. Surto demográfico, acumulação de capitais, reformulação bancária, renovação tecnológica, diversificação e desenvolvimento industriais, incremento da produtividade agrícola, potencial crescente de mobilidade social, eis alguns dos fatores que pressionam as estruturas da sociedade e engendram forte efervescência intelectual.

Na França, após um período de incubação que se segue à morte de Luís XIV, em 1714, o processo torna-se visível nos meados do século. A população, que estimativas atuais calculam em vinte milhões por volta de 1714, é avaliada, segundo as mesmas fontes, em 26 milhões na década de 1780.

Semelhante aumento resulta, no campo, em uma sobrecarga para o velho arcabouço, que não consegue satisfazer ao mesmo tempo as exigências de seu intrincado sistema de direitos e relações feudais e as necessidades de uma crescente produção de mercado. É sintomático o fato de que precisamente então alguns grupos de grandes proprietários, solicitados sem dúvida por motivos vários – ampliação da economia de mercado, necessidade de dinheiro, resistência camponesa às exações feudais, elevação lenta dos preços agrícolas – encetassem esforços no sentido de aperfeiçoar e modernizar os métodos e os instrumentos da exploração da terra, segundo exemplos ingleses e flamengos.

Essa preocupação, e mais do que isso, todo o conjunto do problema agrário, encontra ampla guarida na *Enciclopédia*. O próprio Diderot redige o artigo "Agricultura", onde não só instrui pormenorizadamente sobre o cultivo do solo pelos meios então mais avançados, como sugere habilmente a irracionalidade do velho regime de propriedade. Além disso, é nos artigos "Grains" e "Fermiers" que é formulado o famoso axioma dos fisiocratas: "A terra é a única fonte de riquezas e é a agricultura que as multiplica". Mesmo que não endossem integralmente o princípio de Quesnay, o Enciclopedista e seus colaboradores aceitam-no, por certo, como ponto de partida de uma teoria econômica científica e coerente, e como plataforma da reivindicação liberalizante, na produção geral e na agricultura em particular. Propugnam para esta uma nova ordem de coisas, técnica e juridicamente.

Contudo, os seus laços mais importantes são sem dúvida com o mundo citadino. Este, em virtude do setor de atividade econômica que engloba, de sua crescente concentração populacional e do dinamismo de suas relações humanas, sofre e promove as principais transformações de estrutura que ocorrem no século XVIII.

O incremento do comércio exportador, por exemplo, é de tal ordem na França que passa de 106 milhões de francos em 1706 para 309 milhões em 1776. A isso corresponde não só a ramificação do sistema financeiro, com Bolsas, companhias de a-ções, bancos em geral e bancos de emissão, como uma evolução análoga nas trocas internas, principalmente em função do crescimento demográfico e da integração de novas camadas no círculo do mercado. E o mais importante é que, no cômputo total desse comércio, os produtos industriais assumem preponderância cada vez maior. À frente vêm por certo a vestimenta e a ferramenta, o ramo têxtil e o metalúrgico. A procura encarece os preços e a possibilidade de lucro atrai capitais disponíveis e incita às inovações capazes de aumentar a produção. Assim se assestam as bases da grande produção, do maquinismo e do capitalismo moderno.

Esse progresso industrial se baseia, entre outros fatores, no conhecimento do cabedal tecnológico já existente, tanto como nos aperfeiçoamentos determinados pelos avanços científicos. Ora, a *Enciclopédia* propõe-se precipuamente a inventariar de maneira racional não só as ciências e as artes mas ainda os misteres de seu tempo. O seu subtítulo é: *Dictionnaire Raisonné des Sciences, des Arts et des Métiers*, devendo "conter – declara d'Alembert no 'Discurso Preliminar' – sobre cada ciência e sobre cada arte, seja liberal, seja mecânica, os princípios gerais que constituem sua base, e os pormenores essenciais que constituem seu corpo e sua estrutura". Dessa descrição é, como já vimos, Diderot quem se encarrega. Filho de artesão, conserva o sentido concreto do fazer e do feito. Para resenhar os ofícios, não se limita a compulsar livros e memórias, pede o depoimento e a demonstração dos próprios operadores, como atestam os nomes que registra.

Mas o movimento que transformava a sociedade do século XVIII não era, nem podia ser, apenas econômico ou tecnológico. Tinha inevitáveis repercussões sociopolíticas. Foram estas aliás que se tornaram primeiro visíveis. Com efeito, mais do que em qualquer outra época até então, o desenvolvimento econômico colidiu frontalmente com o quadro social, legal e político. Por exemplo, a indústria precisava de mão-de-obra e de mercado crescentes. Mas a mobilização da primeira e a formação do segundo, apesar do apoio que encontravam no crescimento demográfico e urbano, eram dificultadas por um sistema abstruso, caduco, de direitos e ordenações feudais e corporativas. No campo e na cidade, barreiras e privilégios pesavam sobre a força de trabalho e o poder aquisitivo, e tanto mais quanto se confundiam *de jure* e *de facto* com o regime político vigente e se apoiavam gravemente no conjunto do aparelho estatal, não menos obsoleto.

Nem a *Enciclopédia* e nem Diderot deixam de ecoar tais problemas. Condenam o sistema tributário, reclamam estímulos para a agricultura, o comércio e a indústria, defendem uma reforma esclarecida da educação. Porém, acima de tudo, advogam direta ou indiretamente a liberdade de competição, a liberdade de troca, a liberdade de circulação de bens e de pessoas, e fazem-se porta-vozes de uma reorganização racional da sociedade e do Estado, com base nos conceitos de direito natural, liberdade e utilidade.

Convém entretanto notar que toda essa lida não se desenvolve em função estrita e direta de causas ou interesses como os que sugerimos. Às vezes, só os reflete de maneira muito geral e indireta, quando não se processa contraditoriamente em oposição a eles, ligando-se tão-somente às suas próprias "realidades", ao conjunto dos problemas intelectuais em pauta. De fato, não se poderia interpretar de outra forma uma ordem de idéias onde podem coexistir o impulso idealista e intelectualista na moral e na estética e a atração empirista e mecanicista na teoria do conhecimento e do mundo, onde há lugar para o *Suplemento à Viagem de Bougainville* e ao mesmo tempo para o *Ensaio sobre os Reinados de Cláudio e Nero*, para um pensamento político entranhadamente liberal, democrático, mas que afirma: "O homem do povo é o mais malvado e o mais tolo dos homens. Despopularizar-se e tornar-se melhor é a mesma coisa. A voz do filósofo, que contraria a do povo, é a voz da razão" (*Ensaio sobre os Reinados de Cláudio e Nero*).

É claro que, nisso tudo, não foi pequeno o papel das idiossincrasias do Enciclopedista. Porém, mais do que aspectos individuais, as tendências revelam, no quadro de uma só personalidade, o conjunto do debate de idéias então em curso entre os "filósofos". O que os une é o desejo comum de estabelecer uma sociedade em bases racionais. Mas o acordo não vai muito além. Pois, do aristocratismo de Montesquieu ao despotismo esclarecido de Voltaire ou à democracia contratual de Rousseau, para não falar do comunismo de Mably e Morelly, as diferenças são tão acentuadas quanto entre o criticismo de d'Alembert, o sensualismo de Condillac e o materialismo de La Mettrie. Esse embate, que é ainda o do deísmo, ceticismo e ateísmo, das influências de Locke e Spinoza, de Newton e Leibniz, é o das Luzes e o de Diderot, pessoalmente. Não há exagero em dizer que ele é o microcosmo desse mundo, a sua mônada central, como se expressa Windelband. Se a *Enciclopédia* foi a Suma da Ilustração francesa, o Enciclopedista foi o seu Santo Tomás, com o perdão do Santo.

3

Destaques de uma Obra

É através da tradução que Diderot enceta a sua elaboração filosófica. As notas e alguns textos que acompanham a versão que fez, em 1745, do *Ensaio Sobre o Mérito e a Virtude*, de Shaftesbury, constituem a sua primeira manifestação concreta.

O que é que a precedeu? É difícil precisar, mas certamente a leitura de Bayle, Voltaire e Newton, bem como o debate vivo daquele mundo em que se abisma "um jovem, ao sair de seu curso de filosofia",

[...] mundo de ateus, de deístas, de socianos, de spino-
zistas: muito instruído quanto às propriedades da matéria sutil e dos turbilhões, conhecimentos que se lhe
tornam perfeitamente inúteis; mas que das vantagens
da virtude sabe apenas o que leu no catecismo.

Parece que é Shaftesbury quem lhe ensina essas
vantagens. Não que o pensamento do gentil-ho-
mem as cultive fanaticamente. Nada é extremado
nele, nem a originalidade. Entre Deus e a natureza,
entre a filosofia, a moral e a religião, tende sempre
para as soluções de compromisso, para o "justo
meio". Sua reflexão, que no essencial depende de
Locke e Bayle, expõe, afável, bem-humorada, com
leveza e donaire de grão-senhor, um eudemonismo
que concilia as inclinações egoístas do indivíduo às
necessidades altruístas do bem coletivo. A virtude
daí resultante oferece a vantagem de integrar o homem *bem-formado,* com plena posse de si e de sua
conduta, não só ética mas esteticamente, na harmonia universal. Shaftesbury chega assim a um
humanismo moderado, de base psicológica, indi-
vidualista e otimista, que reabilita a natureza, o prazer, a vida terrena e as paixões.

Essa é a suave ponte pela qual Diderot transita, sem maiores problemas, de um cristianismo, que já não deve ser dos mais firmes, a um teísmo bastante cômodo, onde "tudo é governado para o melhor por uma inteligência essencialmente boa". Sob tão benévolos auspícios, ele se prepara para se tornar sensível "aos encantos da natureza e da arte e às doçuras da sociedade..." No entanto, seria injusto tomar a facilidade como o principal atrativo que Shaftesbury exerceu sobre o seu tradutor. O pensamento moral e estético do ensaísta inglês deixou traços discerníveis inclusive na obra posterior do Enciclopedista. Ademais, Shaftesbury, com o seu otimismo, o seu tom de entusiasmo e juventude, trouxe-lhe mesmo certa libertação: libertou-o do espírito do século XVII e abriu-lhe o das Luzes, na medida em que lhe sugeriu, em lugar do *honnête homme,* um novo tipo de herói cultural, que seria o da Ilustração – o "filósofo".

Ainda sob a égide de Shaftesbury, mas já com uma posição bem mais pessoal, Diderot publica em 1746 os *Pensamentos Filosóficos.* Neles, o modelo que os inspira é meditado no conjunto de seus temas. Mas agora não se trata de chegar a um padrão de sabedoria, mas antes a um instrumento de ação filosófica. Com efeito, a mola que desencadeia a obra parece estar na onda de convulsionismo profético e delírio religioso de que a época é palco, e o seu objetivo é o de atacá-los em seus fundamentos.

À revelação Diderot opõe os direitos da razão, e ao dogmatismo, a crítica. Ao fazê-lo, seu pensamento passa de um teísmo centrado em preocupações morais a um deísmo voltado principalmente para a ciência e já carregado de ceticismo. Aliás, por isso mesmo não chega à posição atéia: a consideração de que a moral não depende da religião lhe parece pesar menos do que a da ordem e da "finalidade" da natureza. Esta é uma máquina regida pelas leis da mecânica newtoniana, mas que tem em sua origem um maquinista inteligível. Assim, no seu deísmo moderado, que liberta os instintos mas sob o controle da razão, Diderot concede amplo lugar às ciências e ao seu desenvolvimento.

O caminho que leva Diderot ao encontro de si próprio é ainda longo. Ele passa pelas três alamedas em que ocorre *O Passeio do Céptico* (1747). Na primeira, a dos espinhos, a da religião, perambulam os tristes buscadores da Divindade revelada. A segunda, a das flores, é a da vida em sociedade, do mundo galante. Na terceira, à sombra dos castanheiros, as diferentes facções de filósofos conversam. Diderot vai auscultá-los.

Afastando-se rapidamente dos cartesianos, convertidos em "linha auxiliar" da filosofia tradicional, e dos idealistas "egoístas", isto é, do solipsismo berkeleyano, vai ao debate que mais lhe interessa, ao colóquio entre o deísta, o spinozista e o ateu. O resultado do diálogo é incerto, pelo menos no que concerne aos dois primeiros. Diderot continua fiel à máquina de "cem mil rodas", rejeitando o ateísmo. Mas entre o Relojoeiro e o relógio hesita. Dá a impressão de querer conciliar Deus e Natureza, finalidade e determinismo, numa espécie de spinozismo deísta em que a divindade se veste com o esplendor do universo. Mas não há nenhuma decisão clara.

Esta é mais do que uma indecisão. Ela anuncia uma das características do pensamento do Filósofo: a recusa das posições de princípio, categóricas, do espírito de sistema, e o pendor pela formulação hipotética, sujeita à verificação, do espírito de ciência. Contudo, esse e outros traços, que já pertencem à maturidade filosófica de Diderot, só se manifestarão pela primeira vez plenamente na *Carta sobre os Cegos* (1749).

De fato, a obra que a antecede, o pequeno tratado *Da Suficiência da Religião Natural,* nada acrescenta com respeito ao *Passeio do Céptico.* Apenas faz o sumário e tira conseqüências de indagações feitas no transcurso deste último. O fito é demonstrar a existência de uma religiosidade espontânea, confiante na inteligência e na bondade supremas, sobre a qual é possível apoiar-se, despida de fanatismo e de obscurantismo, regida pela coerência de Deus com suas próprias leis, a meio caminho entre a crença e a incredulidade, uma vantajosa religião natural. Mas dessas vantagens outros também haviam falado.

A *Carta sobre os Cegos* é que revela em Diderot um pensador capaz de andar com as próprias pernas. Com uma dialética que se impõe pela força de sua argumentação sem querer impor à força quaisquer verdades, desenvolve-se analiticamente a investigação. O ponto de partida é um problema que, desde Locke e seu amigo Molyneux, preocupava a teoria do conhecimento: um cego de nascença, que recupera a vista, percebe o espaço em três dimensões? A questão, ligada como estava à possibilidade de se passar da sensação ao juízo, era de grande interesse para os empiristas e sensualistas. Mas eles sempre a colocaram de maneira muito abstrata, em função apenas das justificativas que pudesse fornecer às concepções que defendiam.

Diderot dá-lhe um caráter concreto, humano: o cego vive encerrado em um mundo particular, quase inacessível; não é possível atingi-lo de chofre. Pouco adianta, por exemplo, eliminar a catarata ao primeiro cego que apareça. Despreparado, saindo de uma operação dolorosa, não poderia dizer muita coisa de proveitoso. E mesmo que longamente instruído, seria preciso que os espíritos mais cultos e sutis se dispusessem a examiná-lo. Inquiridor e inquirido devem estar inteiramente aptos, um a perguntar e o outro a responder; em suma, como o primeiro, cumpre que o segundo seja "filósofo". Dada a dificuldade de reunir essas condições, não será preferível interrogar cegos privilegiados por seu talento e saber? "Eu teria menos confiança nas respostas de uma pessoa que vê pela primeira vez, do que nas descobertas de um filósofo que houvesse meditado seu tema na obscuridade." Daí o recurso ao espantoso cego de Puiseaux, ao genial Saunderson, à brilhante Srta. de Salignac. Só criaturas assim podem trazer alguma luz sobre o universo em que se movem, esse universo a menos de um sentido.

Se a análise é ao vivo, a partir de experiências concretas, nem por isso ela se restringe ao nível psicológico. Muito ao contrário. Após constatar que o cego, embora dotado da mesma razão que os outros, sente de maneira diferente, e que isso afeta suas concepções estéticas, morais e até metafísicas, Diderot encaminha-se para o principal foco de sua indagação: o gnosiológico. Com Saunderson, verifica que o cego de nascença, partindo de suas sensações, pode elaborar as noções de matemática e mesmo as noções fundamentais da física. O que é específico é o seu modo de "vê-las". Ele tem "A alma na ponta dos dedos":

DENIS DIDEROT

Mas se a imaginação de um cego não é outra coisa senão a faculdade de lembrar-se e combinar sensações de pontos palpáveis, e a do homem que enxerga, a faculdade de lembrar-se e combinar pontos visíveis ou coloridos, segue-se que o cego de nascença percebe as coisas de maneira muito mais abstrata do que nós.

Assim, Diderot não duvida que Saunderson, se houvesse escrito sobre os elementos de geometria, utilizaria para as definições "princípios de uma metafísica muito abstrata e muito próxima da dos idealistas".

Toda essa especificidade permite a Diderot deslocar o eixo da questão. O conhecimento é visto não apenas em seu desenvolvimento formal mas também genético. Ele é concebido como algo orgânico, quase como um processo. E quando o Filósofo retoma o problema de Molyneux, ele o faz em termos próprios. Diz, como os empiristas, que "a primeira vez que os olhos do cego de nascença se abrirem, não perceberá coisa alguma"; com os sensualistas considera que "o seu olho precisará de algum tempo para experimentar"; mas é por si mesmo que acrescenta "que ele se experimentará... e

63

sem o auxílio do tato, e que chegará a distinguir não só as cores, mas a discernir pelo menos os limites grosseiros dos objetos". Se for Saunderson o cego em apreço, poderá demonstrar que aquilo que ele sentia e denominava quadrado, por exemplo, era o que os outros viam e denominavam quadrado. E uma vez que todos o entendiam, "todos os homens vêem, pois, uns como os outros".

Ainda que a *Carta* desemboque no céptico final de "O que sabemos nós?", é bastante improvável ser esta, no conjunto, a linha de pensamento que a norteia. O conhecimento surge, de um lado, como dependente das sensações e relativizado por elas; de outro, pelo fato de o cego ter idéias, e idéias iguais às do clarividente, como dependente de uma estrutura conceitual própria à mente humana. Mas, da contradição entre ambas as formas, entre empirismo, sensualismo e conceitualismo cartesiano, Diderot não chega a um relativismo absoluto e à dúvida como afirmação. A importância dada aos órgãos como sede dos sentidos, o poder de auto-experimentação atribuído à vista e ao cérebro, bem como o consenso geral sobre os testemunhos que os referidos órgãos nos apresentam e principalmente sobre as formas em que eles se apresentam, indicam que, a partir de um racionalismo *defroqué*, despido de sua metafísica apriorista e finalista, Diderot se dirige por via positiva a um materialismo organicista.

Sem que haja uma precisão incisiva, tal tendência parece desenhar-se por dois aspectos importantes na *Carta*. O primeiro decorre do fato de o cérebro, no caso Saunderson, estar privado do espetáculo do mundo e da contemplação de sua beleza e harmonia, ficando as mesmas restritas ao clarividente, o que põe em xeque as provas físico-teológicas da existência de Deus e as causas finais. Além disso, e é o segundo ponto, Diderot, através de Saunderson moribundo, esboça uma teoria evolucionista, darwinista *avant la lettre,* da seleção natural. Por influência de Buffon certamente, mas com uma ousadia de imaginação que não era do feitio do naturalista, dissipam-se "mundos estropiados, falhados" e sucedem-se rapidamente "seres que se encadeiam, se impelem e desaparecem..." E mais do que isso, ninguém engendrou esse fluxo ôntico, e a vida surge espontaneamente na Terra: com o que Diderot extrai de novo uma idéia fecunda de uma atrevida generalização das pesquisas de sua época sobre a geração espontânea. Na esteira desse arrojo, fica prostrado o que lhe resta tanto das causas finais quanto do deísmo shaftesburyano. E quando ele "responde a 11 de junho de 1749 – diz P. Vernière – a Voltaire, que acabava de ler os devaneios de Saunderson, sua polidez se cobre de ironia; no movimento das Luzes, Diderot já se transportara além das posições voltairianas".

Na evolução do pensamento de Diderot, a *Enciclopédia* não representa em si, como se poderia crer, o grande momento de síntese. Se nos temas políticos, por exemplo, artigos como a "Autoridade Política" – "Nenhum homem recebeu da natureza o direito de comandar os outros" – chegam a expressar momentos essenciais de sua reflexão, não acontece outro tanto no tocante à filosofia. Os artigos que ele próprio redigiu, como "Caos", "Liberdade", "Spinoza" e muitos outros, nem sempre são os que mais dizem do movimento original de seu espírito. Trata-se, em grande parte, de exposições objetivas, que inventariam o cabedal recebido, sem maior empenho de ultrapassá-lo intelectualmente.

Contudo, em outro sentido, a *Enciclopédia* atuou de maneira decisiva sobre o pensamento de seu diretor. Com efeito, foi graças às tarefas que ela lhe atirou sobre os ombros que Diderot descobriu Bacon e preocupou-se a fundo com o método nas ciências. Daí resultou a elaboração do que poderia ser considerado, sobretudo após a retirada de d'Alembert, e mesmo em reação a este e ao seu "Discurso Preliminar", como a verdadeira síntese filosófica e o guia metodológico da *Enciclopédia. Da Interpretação da Natureza* é o título desse ensaio aparecido anonimamente em 1753.

A obra compõe-se de cinqüenta e oito itens. Trinta e um iniciais tratam da pesquisa científica em geral: depois de analisar a aberração e a esterilidade das matemáticas em seu apogeu, é anunciada uma nova época nas ciências, que é a da física experimental e da história natural; nela, o critério determinante da investigação será o da utilidade e o seu postulado fundamental, o da unidade da natureza; seus instrumentos de trabalho hão de unir observação, reflexão e experiência; ela aproveitará amplamente a lição da prática, desse "espírito de adivinhação pelo qual *se cheiram,* por assim dizer, processos desconhecidos, experiências novas, resultados ignorados", coordenando os lampejos da intuição à análise metódica. Seguem-se os "Exemplos", e conjecturas sobre obstetrícia, sobre magnetismo e eletricidade, sobre choque e elasticidade, sobre a têmpera do aço. A terceira parte reúne, além de conselhos morais e técnicos acerca das condições da experimentação científica, uma discussão sobre as decorrências do princípio de continuidade na natureza e do sistema do Dr. Baumann (Maupertuis). Os nove últimos artigos tratam "Do Impulso de uma Sensação", "Dos Instrumentos e das Medidas", "Da Distinção dos Objetos", "Dos Obstáculos", "Das Causas", "Das Causas Finais", "De Alguns Preconceitos"; o fecho, após a comparação entre a busca de causas naturais científicas e de causas finais escolásticas, é o item "Das Questões": aí, considerando que, "se os fenômenos não são encadeados uns com os outros, não há filosofia", formula, em quinze indagações, os pontos de descontinuidade –

desde a constituição da matéria até o problema geral da vida – que devem ser resolvidos para o avanço da ciência.

Com a *Interpretação*, Diderot abandona pois a especulação metafísica e toma o partido da investigação positiva. Mas, apesar da pronunciada influência baconiana, tão visível na investida contra a matemática, não adota ele integralmente a via indutiva. Fiel à sua vinculação racionalista, procura combinar indução e dedução, intuição e reflexão, visão e previsão. Trata-se de explorar em profundidade a pesquisa experimental, sem perder o horizonte da hipótese teórica, pois a primeira sem a segunda é míope e a segunda sem a primeira, estéril. E a ciência que estanca trai o seu principal compromisso, que é o do progresso humano.

Não apenas Comte e o positivismo francês delineiam-se na perspectiva desse pouco metódico *Discurso do Método*, da Ilustração. No brilhante exemplo de aplicação que oferece, Diderot dá mais consistência a seu evolucionismo. O que era, na *Carta sobre os Cegos*, uma generalização do transformismo restrito de Buffon, aproxima-se de uma teoria unitária da evolução com base na sensibilidade universal.

Maupertuis, inspirado na monadologia lebniziana, aventara no seu *Sistema da Natureza* a possibilidade de inserir na matéria, desde a menor partícula até o maior animal, as qualidades "que os Antigos compreendiam sob o nome de *alma sensitiva*". O elemento seminal assim formado seria responsável pela "conservação das espécies e a semelhança dos parentes", "pela impossibilidade da geração, ou por todas as gerações possíveis". Através dele e de suas agregações, explicar-se-iam a hereditariedade, o instinto, a reprodução mimética das formas, a mestiçagem, a monstruosidade. A unidade da matéria determinaria a unidade da vida, que seria uma somatória das sensibilidades moleculares. O universo constituiria um gigantesco cacho de abelhas emanado de um primeiro ato.

Diderot, por redução ao absurdo e por passagem ao limite, mostra que, se esse "universo, ou a coleção geral de todas as moléculas sensíveis e pensantes", não forma um todo, a existência de Deus fica abalada; se ele forma, "o mundo, semelhante a um grande animal, tem alma... e esta alma... pode ser um sistema infinito de percepções e o mundo pode ser Deus" (*Int.*, 50). Em ambos os casos, as ilações tiradas não se coadunavam com o ponto de vista de Maupertuis, que acreditava firmemente numa Divindade geradora de seu sistema da natureza.

Para evitar a alternativa, prossegue a crítica de Diderot, o Dr. Baumann deveria encerrar o seu sistema em justos limites e "aplicar suas idéias apenas à formação dos animais, sem estendê-las à natureza da alma". Em vez de atribuir às moléculas orgânicas desejo, aversão, sentimento e pensamento, haveria de contentar-se com "uma sensibilidade mil vezes menor do que aquela que o Onipotente concedeu aos animais mais próximos da matéria morta". Esta sensibilidade "surda" e as diferenças de configuração fariam com que houvesse, para cada molécula orgânica, uma única situação cômoda, que ela buscaria incessantemente. Daí a definição do animal em geral como

[...] um sistema de diferentes moléculas orgânicas que, pelo impulso de uma sensação semelhante a um toque obtuso e surdo que teriam recebido daquele que criou a matéria em geral, combinaram-se até que cada uma encontrou o lugar mais conveniente à sua figura e ao seu repouso (*idem*, 51).

Colocada nesses termos a animalidade, torna-se viável a indagação que é proposta nas "Questões":

Assim como nos reinos animal e vegetal, um indivíduo começa, por assim dizer, cresce, dura, perece e passa, não acontecerá o mesmo com espécies inteiras?

Não poderia o filósofo suspeitar que

[...] a animalidade tem desde toda eternidade seus elementos particulares, esparsos e confundidos na massa da matéria; que sucedeu a tais elementos reunirem-se, porque era possível que isso se fizesse; que o embrião formado com esses elementos passou por uma infinidade de organizações e desenvolvimentos, que ele adquiriu, por sucessão, movimento, sensação, idéias, pensamento, reflexão, consciência, sentimentos, paixão, signos, gestos, sons, sons articulados, uma língua, leis, ciências e artes; que se escoaram milhões de anos entre cada um desses desenvolvimentos; que ele deverá talvez sofrer ainda outros desenvolvimentos e ter outros crescimentos a assumir, que nos são desconhecidos...?

Todavia, Diderot cuida-se de transformar a sua pergunta em assertiva. Não se esquece da recomendação que faz, na abertura da obra, "Aos Jovens que se Disponham ao Estudo da Filosofia Natural", para que "tenham sempre presente no espírito que a *natureza* não é Deus, que um homem não é uma *máquina;* que uma *hipótese* não é um *fato*". Com efeito, se nessa *Interpretação da Natureza* o seu determinismo se reforça sob a forma da causalidade científica e tende a concretizar-se, em função do conceito de organismo, num materialismo evolucionista, o espírito científico, e mesmo a inteligência aguda e maliciosa dos escolhos, que muitos consideram como pendor céptico, livram o Enciclopedista da tentação dogmática do sistema.

Diderot não lhe cede, inclusive, no momento em que está mais próximo de uma síntese de suas idéias sobre a evolução da natureza. Ainda então, tanto por uma questão de princípio, quanto de propensão, vale-se dos recursos artísticos de sua imaginação, de seu humor e de seu talento de dialogador para mantê-las no campo hipotético. Contudo, não há dúvida de que os três colóquios, designados em geral como *O Sonho de d'Alembert*, de 1769, importam numa das mais claras definições do pensamento de Diderot e, pelas qualidades literárias que apresentam, são um dos grandes momentos de sua produção. Trata-se de uma pequena obra-prima de condensação científica, argúcia dialética e plasticidade estilística.

Para *O Sonho de d'Alembert* converge tudo quanto Diderot e alguns dos mais expressivos de seus contemporâneos pensaram sobre o que chamavam, com uma efetiva introdução da variável tempo no universo, a história da natureza. A sua estrutura obedece aos conceitos de epigenesia e molécula orgânica de Buffon; à idéia de fibra, que vem de Glisson; à teoria do diafragma e da autonomia relativa dos órgãos concebida por Bordeu; à somatória das sensibilidades no agregado molecular que se origina em Maupertuis. Quanto à sua dinâmica, ela deve a Buffon a noção de cadeia de seres não só no espaço, mas também no tempo, isto é, a da evolução, e a Maupertuis as idéias sobre mestiçagem e teratologia, sobre seleção natural, e talvez sobre mutações súbitas. Mas Diderot não se limita a organizar esse acervo. Tampouco se contenta com o que ele próprio esboça na *Interpretação da Natureza*, embora siga de perto o programa ali estabelecido.

Assim, o movimento "está igualmente no corpo transferido e no corpo imóvel", isto é, faz-se inerente à matéria. Ao mesmo tempo, a noção puramente mecânica de força é substituída pela de energia não liberada, potencial, em oposição à energia liberada, cinética; ou, como Diderot se expressa *Sobre a Matéria e o Movimento*, obra composta pouco após o *Sonho*, em 1770: "...tudo está em translação ou *in nisu*[1] ou em translação e *in nisu* concomitantemente". Ambas, força viva e força morta, suscitam

[...]uma sensibilidade ativa que se caracteriza por certas ações notáveis no animal e talvez na planta; e uma sensibilidade inerte, da qual estaríamos seguros pela passagem ao estado de sensibilidade ativa.

---

1. Em esforço.

A partir das noções acima e das idéias de geração espontânea e de transformação, Diderot sugere o quadro de um universo em perpétuo devir. Além de ativa, a matéria – cujo conceito já se distancia tanto do cartesiano – é heterogênea. Em cada elemento diverso manifesta-se uma energia própria que atua no exterior. Desta ação, que é a da gravidade, da "força íntima" e da interação, nasce o movimento geral do cosmo: a sua fermentação, que, por sua vez, gera as diferentes e sucessivas formas inorgânicas e orgânicas na natureza.

A mesma lei deve reger as formas inorgânicas e orgânicas. A sensibilidade é universal. Apenas os seus modos de organização diferem. No mineral, ela é inerte e no ser vivo, atuante. A passagem de um estado a outro, "do mármore ao humo, do humo ao reino vegetal, e do reino vegetal ao reino animal, à carne", faz-se pela nutrição e assimilação: a planta seria a mediadora.

A animalização tem sua história. Ela é a das transformações segundo as quais, como já observava Saunderson na *Carta sobre os Cegos*,

[...]todas as combinações viciosas da matéria desapareceram, e restaram apenas aquelas em que o mecanismo não implicava contradição importante e que podiam subsistir por si mesmas e perpetuar-se.

Essa evolução seletora realiza-se através da ação recíproca da necessidade e do órgão, suscitando-se mutuamente e suscitando novas organizações. O desenvolvimento que leva do embrião ao gênio, do germe da "celerada cônega Tencin" e do "militar La Touche" a d'Alembert[2] é o da complexidade crescente pela agregação de novas moléculas "infinitamente vivas", pelo encadeamento de novas "pequenas forças", pela somatória de novas sensibilidades à "colônia animal".

Como é que ela chega à consciência, ao pensamento? Se se distinguir contigüidade de continuidade, talvez se possa encontrar uma resposta a essa velha pergunta. Se as moléculas vivas, num dado conjunto, se dispusessem independentes e adjacentes umas em relação às outras, de fato não se poderia lograr a unidade animal sensível. Mas se, como

2. D'Alembert era filho ilegítimo da cônega Tencin e de La Touche.

uma gota de mercúrio que se funde noutra, elas se unissem umas às outras? "A sensibilidade torna-se comum à massa comum." Seria uma espécie de fio, de fibra, composta de quantas partes se queiram, mas continua:

> [...] uma rede homogênea, entre cujas moléculas se interpõem e formam talvez uma outra rede homogênea, um tecido de matéria sensível, um contato que assimila, sensibilidade ativa aqui, inerte ali... Tudo concorre, pois, para produzir uma espécie de unidade que só existe no animal...

Essa antevisão da tessitura celular encontra a sua mais expressiva imagem no "enxame" de abelhas, isto é, "no longo cacho de pequenos animais alados, todos aferrados uns aos outros pelas patas". Cada indivíduo tem aí a sua própria vida e a sua própria sensibilidade, mas o conjunto está de tal modo interligado que o menor abalo em um de seus pontos provoca sua reação direta ou indireta, imediata ou mediata. É claro que o cacho ainda não é o animal. Mas amolecei as patas pelas quais as abelhas se seguram: "de contíguas que eram tornaias contínuas". Entre o novo estado do cacho e o anterior, a diferença não está em que ele "agora é um todo, um animal uno, e que antes não passava de uma reunião de animais?" E não é a mesma diferença que existe entre nós e, por exemplo, os animais poliposos?

Substituindo, na mesma ordem de raciocínio analógico, a figura do enxame por uma aranha que secreta a sua teia, ter-se-á uma idéia quiçá da formação e do desenvolvimento do homem. A aranha é a origem de todos os fios e de todos os órgãos. Aninhada nas meninges, é informada "de tudo quanto se passa em qualquer ponto que seja do imenso apartamento que ela atapetou". Ela é o ponto de referência constante, invariável, de todas as impressões, que constitui a unidade do animal; a memória de "todas essas impressões sucessivas que fazem para cada animal a história de sua vida e de seu eu"; a memória e a comparação que decorrem necessariamente de todas essas impressões que constituem o pensamento e o raciocínio". É aí, na substância "mole, insensível, inerte" da qual emana, que a rede "se assenta, escuta, julga e pronuncia". Na origem, ela encontra, pois, não apenas o sensório comum, mas ainda a consciência unificadora. O centro é como um cravo: enquanto ressoar nele uma corda, o objeto continua presente; mas cada corda apresenta também a propriedade de fazer vibrar outras: daí a memória, a associação de idéias, a ligação melódica das impressões, a duração das sensações e sua influência recíproca. Além disso, de sua tensão, de sua relação, original ou contraída pelo hábito, com as suas ramificações, dependem as qualidades da razão, do juízo, da imaginação, da loucura, da imbecilidade, da ferocidade, do instinto.

O princípio ou o tronco é muito vigoroso? Daí os poetas, os artistas, as pessoas de imaginação, os homens pusilânimes, os loucos. Muito fraco? Daí o que chamamos brutos, animais ferozes. O sistema inteiro frouxo, mole, sem energia? Daí os imbecis. O sistema inteiro enérgico, bem afinado, bem ordenado? Daí os bons pensadores, os filósofos, os sábios.

O grande homem resulta, portanto, do predomínio da origem do feixe, ao contrário do medíocre, que é um emotivo, que se caracteriza pela "ex-

DENIS DIDEROT

trema mobilidade de certos fios da rede", que é "um ser abandonado à discrição do diafragma". "Os sensíveis ou os loucos encontram-se no palco, ele encontra-se na platéia; é ele o sábio."

Diga-se o que se disser desse monismo, onde Diderot procurou resolver um dos problemas mais sérios do materialismo moderno, o da contradição entre a unidade do mundo e a diversidade da matéria, a sua fecundidade é indubitável: as idéias de célula, de função, de seleção natural e, por generalização, a de um evolucionismo cósmico nele despontam, se nem sempre originalmente, pelo menos em reformulações surpreendentes.

Com *O Sonho de d'Alembert*, Diderot parece ter dito o essencial de sua filosofia da natureza. De fato, embora se assinalem duas obras posteriores, uma das quais é o opúsculo *Sobre a Matéria e o Movimento* e a outra, o alentado volume dos *Elementos de Fisiologia*, onde se acumulam quinze anos de trabalho, ambas se limitam a especificar teses já propostas e a enriquecê-las com novos dados. Isto não significa que, no âmbito particular de cada uma, não tragam inovações e não pratiquem essas aberturas para o futuro da ciência, que são as hipóteses arrojadas tão a gosto de Diderot. Assim, a primeira, ao mesmo tempo que reafirma o dinamismo universal, oferece uma visão química da matéria: a heterogeneidade resulta da combinação de um número finito de elementos; tal concepção, que será com um conhecimento muito mais preciso não só a do século XIX como a de hoje, propõe problemas que não passam despercebidos a Diderot: como podem, por exemplo, determinações físicas e mecânicas ser responsáveis por qualidades químicas? Também nos *Elementos de Fisiologia* o seu evolucionismo se consolida, assenta-se numa classificação ascendente da "cadeia de seres", da molécula ao animal racional, e o Homem é rebaixado de sua altura metafísica, sendo analisado como "homem fisiológico", produto da organização de múltiplas funções e órgãos, pois "a organização da vida, eis a alma"; e neste quadro também se sucedem as discussões de interesse científico, como as que dizem respeito ao parentesco entre glote e protoplasma, às transições entre reinos da natureza, cuja modernidade não é preciso salientar. Nas duas obras, porém, os conceitos básicos permanecem quase inalterados. Outro tanto ocorre com a *Refutação a Helvetius*. É verdade que, na medida em que Diderot aborda a matéria, a sua crítica ao autor de *O Homem* redunda, não propriamente numa revisão, mas numa limitação e certo recuo de posições assumidas em *O Sonho de d'Alembert*, pois a certa altura declara:

É preciso convir: a organização ou a coordenação de partes inertes não leva de modo algum à sensibilidade, e a sensibilidade geral da matéria não passa de uma suposição que deriva toda a sua força das dificuldades da quais nos liberta, o que não basta em boa filosofia;[...]

mas a redução do que poderia ser uma hipótese mera e cômoda suposição, por mais que indique titubeios diante de uma ciência incipiente, como pretendem uns, ou mesmo uma mudança céptica de atitude, como querem outros, não implica de fato desvio substancial e expresso ou negação da teoria do mundo sustentada até então pelo Enciclopedista. Nada nele é alterado, diminuído ou acrescentado. A sua reflexão, no campo, parece concluída.

* * *

Por outro lado, deve o fato ser levado à conta de um esgotamento intelectual? É difícil fazê-lo, sobretudo à luz do que Diderot escreveu em outros domínios, a partir de 1770. A não ser que se tome o interesse pela sabedoria moral por um indício de decadência "física" e a atração por Sêneca como senectude, o que se pode aceitar é que o foco de atenção se desloca. Aparece o moralista. Ou melhor, ele recebe o seu lugar ao sol. Pois Diderot, que começara com Shaftesbury na filosofia moral, nunca abandonou a preocupação. Na época da *Enciclopédia*, ela se manifestou nas páginas desta e, mais ainda, em toda a sua obra estritamente pessoal: teatro, romances, contos, escritos políticos, estéticos e mesmo científicos, são outros tantos pretextos para falar dos costumes, para discorrer sobre o bem e o mal. Contudo, é no período subseqüente que Diderot dá pleno curso ao moralista que, não apenas palpita, mas também especula em seu íntimo. A sua reflexão ética atinge então a culminância cujo marco é o *Ensaio sobre os Reinados de Cláudio e Nero* (1782). Curiosamente, esta obra-prima e testamento da sabedoria das Luzes encerra, por assim dizer, a meditação iniciada com o *Ensaio sobre o Mérito e a Virtude*, ao passo que a peça *Será Ele Bom, Será Ele Mau?* constitui uma espécie de exame de consciência, à beira da eternidade. É como se tudo em Diderot derivasse da moral e para ela confluísse: todos os seus conhecimentos, todas as suas experiências e todas as suas pesquisas.

No entanto, também aqui se recusa à sumula sistemática. Ele próprio observa:

> Um tratado de moral seria a meu ver a obra mais interessante e mais necessária a fazer. Eu possuía, creio, os dados requeridos: confessar-vos-ei, porém? Nem sequer ousei tomar da pena para escrever uma única linha.

De onde vem o impedimento? Apenas da resistência às sínteses mais rígidas? A participação entusiástica na *Moral Universal* de Holbach não parece confirmá-lo. Tudo indica que o motivo deve ser procurado em outra parte de sua ética, que mais do que uma doutrina é uma indagação e mais do que uma filosofia, um filosofar.

É às vezes um conversar sem compromisso, consigo próprio ou com outros, sobre a sorte dos homens, de seus sentimentos e de seus laços na vida em sociedade. Mas o tom ligeiro não deve iludir: não se trata da sociedade em geral, porém de uma certa sociedade insensata e cruel. Pois tanto ou mais que à história, Diderot visa à "moral" da história. Diz ele, *Sobre a Inconseqüência do Julgamento Público:*

> Eu tenho minhas idéias, talvez justas, com certeza bizarras, sobre certas ações, que encaro menos como vícios do homem do que como conseqüência de nossas legislações absurdas, fontes de costumes tão absurdos quanto elas, e de uma depravação que eu chamaria de bom grado artificial.

É o que ele pretende denunciar. Contra esta irracionalidade, os "contos vividos" reivindicam os direitos da paixão, da vida em liberdade e segundo a natureza:

> Será que o homem não é anterior ao homem na lei? Será que a razão da espécie humana não é muito mais sagrada do que a razão de um legislador? Nós nos denominamos civilizados e somos piores do que os selvagens (*Colóquio de um Pai com Seus Filhos*, em 1771).

DENIS DIDEROT

Outras vezes é o debate de longo alento e longo curso, como o que vai ao Taiti no *Suplemento à Viagem de Bougainville* (1772). Nesta encantadora "narrativa", como Diderot a chamava, das agruras de um santo capelão entregue à amável sanha da hospitalidade taitiana, o interesse não é só a moral sexual. A pergunta de como "o mais inocente dos prazeres tornou-se a fonte mais fecunda de nossa depravação e de nossos males" obtém a seguinte contestação:

Pela tirania do homem, que converteu a posse da mulher em propriedade. Pelos costumes e usos, que sobrecarregaram de condições a união conjugal. Pelas leis civis, que sujeitaram o casamento a uma infinidade de formalidades. Pela natureza de nossa sociedade, onde a diversidade de fortunas e de graus instituiu conveniências e inconveniências. Por uma contradição bizarra e comum a todas as sociedades subsistentes, onde o nascimento de uma criança, sempre considerada um acréscimo de riqueza pela nação, é o mais das vezes e mais seguramente ainda um acréscimo de indigência na família. Pelas concepções políticas dos soberanos, que referiram tudo a seus interesses e à sua segurança. Pelas instituições religiosas, que atribuíram o nome de vícios e virtudes a ações que não eram suscetíveis de nenhuma moralidade.

Portanto, o mito do Bom Selvagem e do paraíso perdido, ou seja, o estado natural, é utilizado não menos como tipo de uma sociedade ou moral primitiva, essencial ou ideal, do que como contratipo de uma crítica social e ética da ordem vigente. E neste sentido a *Viagem* suplementa o que os contos menores propõem. A relação é aliás explícita. O próprio Diderot menciona personagens de *Isto não é um Conto* e *Sobre a Inconseqüência do Julgamento Público*, como que para uma colocação conjunta do problema: "O que faremos? Voltaremos à natureza? Submeter-nos-emos às leis?" A resposta caracteriza muito bem o centrismo ético e político do Filósofo: "Falaremos contra as leis insensatas até que sejam reformadas; e, entrementes, nos submeteremos a elas".

Há ocasiões ainda que Diderot prefere encerrar sua reflexão moral no universo do romance. É como se quisesse dar-lhe um meio vivo e o suporte da experiência, ou como se a riqueza de sua meditação transbordasse as margens do simples colóquio. Os seus eternos dialogadores disfarçam-se então, adquirem carnação individual, tornam-se personagens. Mas é preciso que se diga: a autonomia romanesca nem sempre é total. Não que a preocupação com o verossímil e o natural abalem a sugestão artística. Diderot é um ficcionista poderoso. Além disso, refletiu sobre a técnica do romance, com Richardson e Sterne, e conhece os seus recursos. Sabe que, em arte, não se trata de reproduzir pura e simplesmente o real, mas de iluminá-lo através do característico e do significativo. Porém, nem sempre o moralista está enfurnado nos subterrâneos da criação. Às vezes agita suas teses, mesmo que não pretenda demonstrá-las. Assim, se é verdade que *A Religiosa, O Sobrinho de Rameau* e *Jacques, o Fatalista* constituem um mundo ficcional de paixões e vinganças, de aventuras e crimes, onde os celerados são tão admirados quanto os virtuosos, sendo aí Diderot um antecessor direto do realismo do século XIX, não resta dúvida de que subsiste nele forte carga especulativa, produto de paradoxos e hipóteses, que se prendem sobretudo aos problemas da filosofia da Ilustração. Em função desta e do propósito de tornar, com o autor de *Clarisse*, "a cada linha... preferível a sorte da virtude à sorte do vício triunfante", as desventuras da Srta. Simonin, em *A Religiosa*, podem ser entendidas como a tentativa de mostrar que a regra monástica infringe a natureza humana, recalcando os instintos naturais e desviando-os para perigosas aberrações. Em *Jacques, o Fatalista*, isto é, determinista, a indagação é sobre "fatalismo" e liberdade: entre o Amo, que se julga livre e sabedor de seu destino, e o Servidor, que acredita no destino e não sabe qual é o seu, desenvolve-se a dialética da necessidade com a contingência. O picaresco criado impõe-se, e com ele a sensibilidade, a vida dos instintos, a causalidade natural, ao seu pálido patrão. Mas Diderot não deixa de piscar maliciosamente ao leitor com a seguinte observação:

Dessa maneira, poder-se-ia imaginar que Jacques não se rejubilava, nem se afligia por motivo algum; o que, todavia, não era verdade. Portava-se mais ou menos como vós e eu... Era às vezes inconseqüente como vós e eu, e sujeito a esquecer os princípios, exceto em algumas circunstâncias em que sua filosofia o dominava evidentemente; era aí que dizia: – Impunha-se que assim fosse, porque lá em cima estava escrito.

O debate filosófico também é central em *O Sobrinho de Rameau*, para muitos a obra-prima de Diderot: em que pese o vigor romanesco da personagem-título, que é um desses seres eleitos, acima do bem e do mal, um herói amoralmente estético, cuja razão de existência é a sua paixão de existir, a sua importância está em grande parte no confronto que enseja, de seu cinismo com o Eu judicioso. Os dois interlocutores, um solidamente ancorado no bom senso racionalista e o outro a cavalgar desabridamente o materialismo nos confins da hipótese, um fiel até a alienação ao apelo da "origem" e o outro solícito até o servilismo às ponderações do bom "termo", permitem a Diderot expor criticamente as implicações morais de um determinismo sem razão e de um racionalismo sem "fibra". O diálogo não tem, como não poderia ter, desfecho. Contudo, a frustração do infrene sobrinho, corroído por sua própria coerência, insinua que o viver não é apenas uma determinação, mas também uma liberdade, não apenas o objeto de uma ciência, mas também de uma arte, cuja conduta requer boa dose de sabedoria prática.

Mas sobrevém um momento em que essa meditação necessita de uma expressão mais direta. O conto e o romance, por incisivos que sejam, são rios de múltiplos braços igualmente navegáveis e em sentidos opostos. O colóquio importa em inevitáveis desdobramentos dramáticos, com muitas áreas de descontinuidade verbal, senão lógica. Ao passo que o ensaio possibilita uma síntese de idéias, ampla ao mesmo tempo que assistemática, baseada num discurso que não perde o seu caráter pessoal e mesmo coloquial. É para esta forma que Diderot se volta com o fito de exprimir o seu pensamento ético ao cabo de sua maturação, ou de sua vitalidade, como querem alguns.

A *Refutação a Helvetius* parece preparar o terreno. Ela é uma espécie de limpeza de campo, de *mise-au-point,* de ajuste de contas. O Enciclopedista assusta-se com o espelho que Helvetius lhe estende postumamente: a visão algo fantasmagórica de suas hipóteses convertidas em teses e a imagem um tanto caricaturesca do homem natural transformado em mecânico homem "educacional". Com efeito, levando à frente a concepção sensualista de acordo com a qual o nosso único dom natural é a suscetibilidade ao prazer e à dor, o autor de *O Homem* desenvolve a doutrina segundo a qual não só todos os caracteres humanos são adquiridos por experiência e influência externa, como Condillac sustentara, mas que, nestas condições, todos os homens são igualmente dotados, apenas diferindo pela maneira como a ação do meio se exerce sobre cada um, isto é, pela educação. Como esta depende essencialmente das relações públicas e da forma de governo, a figura do homem é aquela que a sociedade desenha. A moral torna-se, assim, o vício e a virtude, não individuais e, sim, coletivos. O seu princípio, que é o mesmo da legislação e o da pedagogia, consiste no bem geral, ou seja, na utilidade do maior número. Mas só alguns poucos estão capacitados, por ilustração e elevação de espírito, ao exercício dessa virtude, que se realiza em detrimento de seus interesses mais restritos. São as grandes almas. Mesmo elas, entretanto, não agem nobremente, com renúncia a si e ao amor-próprio. Apenas unem de tal maneira o bem particular ao geral que, cedendo a este e ao impulso para o poder e a honra que lhes é peculiar, obedecem a um nobre interesse. É o que ocorre, segundo Helvetius, quando déspotas esclarecidos, como Frederico, o Grande, ou Catarina da Rússia, se predispõem a educar a sociedade para a felicidade de seu povo.

Diderot não aceita seja o esquematismo, seja o automatismo dessa doutrina. De um lado, é velho leitor de Montaigne; de outro, recusa-se em ciência ao passe de mágica. Tem consciência dos claros existentes entre os vários domínios da explicação científica. Considera que seria um feito se alguém "pela observação ou experiência, demonstrasse rigorosamente ou que a sensibilidade física pertence tão essencialmente à matéria quanto a impenetrabilidade, ou que a deduzisse sem réplica da organização"; ou se Helvetius houvesse, da sensibilidade física, "deduzido com clareza as operações do entendimento". Mas o que o preocupa mesmo, na *Refutação*, é a concepção do homem em Helvetius: ela se lhe afigura mecanicista.

Para Diderot, o homem está longe de ser um agregado de moléculas vivas, manejável ao seu belprazer. Indivíduo altamente complexo e organizado, ele é sede de um complicado sistema nervoso e de delicadas operações psicofisiológicas. É um ser dotado de "fibra" e, mais ainda, de sensório, cuja estruturação lhe permite pensar, julgar, escolher, em suma, praticar atos morais. Em função dessa complexidade, que determina congenitamente a possibilidade do gênio, é que Diderot alinha suas restrições ao dogmatismo de Helvetius. Eis algumas:

Ele diz: A educação é tudo. Dizei: A educação faz muito. *Ele diz:* A organização não faz nada. Dizei: A organização faz menos do que se pensa. *Ele diz:* Nossas penas e prazeres se resolvem sempre em penas e prazeres sensuais. Dizei: Muitas vezes. *Ele diz:* Todos os que entendem uma verdade poderiam descobri-la. Dizei: Alguns. *Ele diz:* Não há verdade que não possa ser posta ao alcance de todo mundo. Dizei: Há poucas. *Ele diz:* O acaso faz os homens de gênio. Dizei: Ele os coloca em circunstâncias felizes. *Ele diz:* A instrução é a única fonte da diferença entre os espíritos. Dizei: É uma das principais. *Ele diz:* O caráter depende inteiramente das circunstâncias. Dizei: Creio que elas o modificam.

Mas a *Refutação* não é apenas uma crítica a Helvetius. De certo modo constitui outrossim uma autocrítica de Diderot. É a análise que precede a síntese: o *Ensaio sobre os Reinados de Cláudio e Nero*. O Enciclopedista encontrou em Sêneca uma figura capaz de catalisar o seu pensamento ético. De totalizá-lo, também? É duvidoso. A trajetória que vai da busca epicurista de felicidade à noção estóica de sacrifício é muito longa e acidentada. Mas se o preceptor de Nero não é o princípio permanente dessa evolução, ele é o ponto de convergência dos dilemas de uma filosofia que tende a unir o prazer à virtude, a fibra física à moral, a determinação à liberdade, e que, na impossibilidade de resolver tais dilemas, se cristaliza numa sabedoria. A sua medalha, que é a da contradição entre a frouxidão na vida e a coragem na morte, entre o desejo de fruir e a razão de renunciar, da sensualidade com a espiritualidade, é de uma luta contra si próprio para a conquista de valores éticos, é aquela em que de certa maneira Diderot melhor gravou a sua imagem e o seu projeto de posteridade: a do Sábio. No entanto, por trás da efígie é possível sentir, não a confissão, mas, como diz P. Vernière, um sopro proustiano "de procura do tempo perdido,

das ambições extintas e dos sonhos desvanecidos".
Diderot vivo alenta o espírito do velho estóico.

O mesmo alento vivifica o jogo filosófico do *Ensaio*. A virtude, que continua sendo a pedra de toque do universo moral de Diderot, é despida de sua estóica soberba antifísica, a fim de que possa integrar o humano. O homem perfeito, para não se converter em "uma estátua com consciência de existir", precisa aliar-se ao homem natural, Zenão a Epicuro, a razão ao instinto, a alma ao corpo. Esta conciliação, ou reconciliação, é também do natural com o social, pois no primeiro a alma é escrava das paixões e das necessidades incessantes do corpo, enquanto no segundo ambos se associam em igualdade de condições, comandando e obedecendo cada qual por seu turno. Assim, o Pórtico faz-se a entrada não só para o cidadão como para a cidade, e a sua virtude, humanizada e sociabilizada, constitui-se, com Sêneca, na "verdadeira base moral", havendo, a rigor, "um único dever, o de ser feliz, e uma única virtude, a da justiça". A felicidade depende, portanto, da virtude, mas esta é acessível ao chamado do interesse, de modo que o sábio e o homem livre podem dar-se tanto ao prazer quanto à abnegação, no exercício de uma existência virtuosa.

Não se poderia ver neste estoicismo epicurista um simples meio de acomodação senil. Diderot talvez tenha alcançado com ele o *nec plus ultra* da especulação moral da Ilustração. Mas a assertiva, no *Ensaio*, de que "A filosofia louca é a que pretende sujeitar as leis da natureza e a marcha do mundo. A boa filosofia é a que reconhece essas leis e que se sujeita a essa marcha necessária", mostra que o Enciclopedista continua, no principal, fiel a si mesmo e ao programa da *Interpretação da Natureza*. E o vigor jacobino dos escritos incluídos na *História das Duas Índias*, do Abade Raynal, fala de sua combatividade nos derradeiros anos de vida. Pode ser tachada de comodista uma voz que declara: "O livro que eu amo e que os reis e seus cortesãos detestam, é o livro que faz nascer os Brutos"? Na verdade, o seu estoicismo final deve ser entendido em seus próprios termos: como um "tratado da liberdade em toda a sua extensão". Esta é a base de sua preocupação ética, em todos os momentos.

DENIS DIDEROT

* * *

Na moral, como na ciência, Diderot procura uma nova perspectiva. Esta é a de um mundo secularizado, onde a única presença real, positiva, é a do homem. Pois tudo quando se refere à Divindade parece, ao Filósofo, obscuro, contraditório, ininteligível e, inclusive, desnecessário. Porém, ainda que o dogmatismo ateu seja para esse Montaigne das Luzes – como alguém o chamou – digno de não menos dúvida, sendo possível enxergar no concerto da natureza indícios de uma ação providencial, a questão não se modifica em essência.

Se os homens se escoram no Altíssimo, sugere o *Diálogo do Filósofo com a Marechala*, e na religião revelada para instituir uma ordem moral, complicam-na sem maior utilidade:

Há nos livros inspirados duas morais: uma geral e comum a todas as nações, a todos os cultos, e que é obedecida mais ou menos; e outra, peculiar a cada nação e cada culto, na qual se acredita, que é pregada nos templos, que é preconizada nas casas, e que não é obedecida de modo algum.

Só a primeira, inspirada nas leis da natureza, tem realmente poder de regência. Respeitando-a, fazendo com que "o bem dos particulares seja estreitamente ligado ao bem geral, que um cidadão não possa quase prejudicar a sociedade sem prejudicar a si próprio", assegurando a virtude sua recompensa, assim como à maldade o seu castigo, trabalhando para "que sem nenhuma distinção de culto, em qualquer condição que o mérito se encontre, conduza aos grandes postos do Estado", não haverá indivíduos "maus, exceto um pequeno número de homens, que uma natureza perversa que nada pode corrigir arrasta ao vício" e nada haverá a temer do além. Pois se Deus existe e aguarda o homem na outra margem da vida, terá de proceder mais ou menos como o velho com o jovem mexicano, na história que Crudeli narra à Marechala:

— Negastes minha existência? — É verdade. — E a de meu império? — Eu vos perdôo porque sou aquele que vê no fundo dos corações, e li no fundo do vosso que estáveis de boa fé; mas o resto de vossos pensamentos e de vossas ações não é igualmente inocente. Então o velho, que o segurava pela orelha, lembrou-lhe todos os erros de sua vida...

Em outras palavras, crédula ou incrédula, a criatura será julgada por seus atos e segundo um código que coincidirá com o de um Deus infinitamente justo e bom. Mas então o fundamental não é preocupar-se em adorá-lo e, sim, seguir a ordem natural e os preceitos da virtude.

Estes preceitos são inerentes à razão. Mas o homem não é só razão. Ser animal, de complexa organização, é o produto da mistura de germes e, fisiologicamente, gravita em torno de dois sistemas: o do cérebro, centro do sensório, que classifica os dados dos sentidos e dirige a atividade racional; e o do diafragma, centro nervoso autônomo que governa a sensibilidade e as emoções. Dessa bipolaridade resultam, como já vimos, as diferentes gradações humanas, do sábio ao medíocre sensível, conforme predomine um ou outro conjunto nervoso. Ambos os fatores são, pois, determinantes quanto às predisposições inatas e contra elas nada pode a educação, ao contrário do que pretendia Helvetius. Cada qual nasce com aptidões intelectuais e tendências emotivas que o tornam diverso de seu semelhante. A educação só pode moderar, refinar, cultivar o que está em semente.

O gênio desempenha portanto um papel excepcional, cabendo-lhe na vida social prever e nortear o progresso dos costumes e das leis. Neste sentido, não deverá poupar esforços, ainda que sua ação tenha de ultrapassar os limites legais ou normais. Mas, por outro lado, Diderot encara esse homem superior, não como super-homem, numa acepção nietzschiana, mas como sábio. Ele se distingue, não pelo poder de sua intuição, e, sim, pelo de sua razão. Ele não está acima, mas dentro da sociedade. Não lhe impõe a sua vontade à discrição, como pretendem os partidários da tirania ilustrada, mas procura entender os seus princípios, a fim de esclarecer a sua marcha. Em seu modo de ser, enquanto sábio, está o agir em função do interesse geral.

Não obstante isto, atraído ora por um ora por outro pólo da rede, Diderot se extrema às vezes numa ou noutra direção. Prefere alternadamente a alma razoável à alma sensível, o estoicismo ao epicurismo, o sacrifício do grande homem ao egoísmo do comum dos mortais, a moral aristocrática à democrática. Mas, ainda assim, é possível divisar, igualmente, a contínua aspiração de superar as tendências contrastantes, de chegar a um "justo meio", a um fiel de balança graduado segundo os princípios de uma moral universal.

Quais são eles? A temperança, que permite uma justa proporção entre os desejos e a situação de cada um; a justiça, de que depende a preservação do contrato social e a paz de cada consciência; a bondade, sem a qual é inconcebível a subsistência da vida coletiva. Esses três interesses ou "cálculos" não são apenas os da felicidade particular, dever imprescritível de cada homem, mas também os da solidariedade e do bem geral, nos quais a primeira se estriba.

Os mesmos princípios, com as mesmas hesitações, norteiam a política de Diderot. Pois o que vale para o indivíduo vale para os povos. Isto significa que o seu alicerce não é o interesse maquiavélico do príncipe. Não pode haver generalidade, nem legalidade, no arbítrio pessoal. "O governo arbitrário de um príncipe justo e esclarecido é sempre mau", pois usurpa um direito natural e liberdades inalienáveis:

Nenhum homem recebeu da natureza o direito de comandar os outros. A liberdade é um presente do céu e cada indivíduo da mesma espécie tem o direito de desfrutá-la assim como desfruta da razão. Se a natureza estabeleceu alguma *autoridade* é o poder paterno, mas o poder paterno tem seus limites [...]. Qualquer outra *autoridade* provém de uma outra origem que não a da natureza.

Nestas condições, só existe autoridade legítima quando ela resulta do consentimento e da delegação dos que se lhe submeteram. Daí advém que não pode haver um direito divino, nem interesse superior ao coletivo. Todo poder emana do povo, que é o seu legítimo proprietário e em cujo favor é exercido: "Não é o Estado que pertence ao príncipe; é o príncipe que pertence ao Estado", competindo-lhe governá-lo porque o Estado o escolheu para tal fim.

Não há dúvida de que a ética é, para Diderot, o nervo motor de tudo quanto diz respeito ao propriamente humano. Por isso, em política como em estética, ela é a chave: "A verdade e a virtude, diz o *Discurso sobre a Poesia Dramática*, são amigas das belas-artes. Quereis ser autor? Quereis ser crítico? Começai por ser homem de bem". Só este é capaz de criar ou apreciar a obra de arte nos devidos termos. Com efeito, o valor dela não está no aspecto formal. Por melhor realizada que seja, seu interesse será restrito, uma espécie de carência interna há de empobrecê-la, se a obra não expressar "algo". Pois, como diante da *Caravana* de Boucher, a pergunta é sempre: "O que diz tudo isso a meu coração, a meu espírito?" A técnica em si é insuficiente, senão estéril, sem as idéias. Mas estas tampouco podem ser quaisquer, gratuitas: no centro do mundo, Diderot erige, em seus colóquios com Dorval, as estátuas da virtude e da verdade, fazendo com que todas as manifestações artísticas lhes ofereçam o seu preito, numa procissão teatral de "quadros" representativos, patéticos e "comovedores". O oficiante do ritual é o artista, mediador entre os seus modelos ideais e o estado de natureza. E quanto mais frio e deliberado o entusiasmo de sua invocação, mais clara e precisa será a sua execução e maior o seu poder de sensibilização. Aí é que reside a sua genialidade, o sopro que universaliza a obra e inspira o seu caráter exemplar, demiurgo da virtude edificante da arte.

Como tudo, em Diderot, este possível núcleo de seu pensamento estético não é mais do que a condensação de algumas idéias que variaram menos e outras que variaram mais no curso de sua evolução. Pois ele é sobretudo o homem do diálogo e do paradoxo. E no seu caso, um e outro não constituem meros recursos de estilo: traduzem a própria dialética de suas propensões, de seu temperamento e do próprio modo de sua existência. Há nele sempre dois, um a pôr e outro a opor, numa divisão dramática que o atravessa permanentemente, tanto quanto a constantemente renovada tentação da unidade.

Assim, na sua filosofia da arte, emocionalismo e intelectualismo é que polarizam o processo. Entre eles, desenrola-se um jogo de esconde-esconde em que ora aparece o sátiro ora o *honnête homme,* quando não há uma superposição de imagens. O primeiro é quem surge antes em cena, sob a forma, informe, de puro entusiasmo juvenil pelo teatro. É o sentimento desta arte como expansão vital, exaltação da natureza; e o seu fervoroso fantasma que

DENIS DIDEROT

não mais abandonará o espírito de Diderot. Com o passar dos anos, porém, o *honnête homme* se apresenta. O arrebatamento modera-se, faz-se filosófico. No cenário burguês das almas sensíveis e morais, converte-se em enternecimento. Diderot enleva-se, no drama e na ficção narrativa, com cenas tocantes, moralizantes. No entanto, sua virtuosa prédica é às vezes tão ardente que respira a capro furor. É ainda orgiástica a voz que considera "a força do entusiasmo" como capaz de "inspirar a palavra própria" e que, separando o gosto do gênio, proclama: "O gênio é um puro dom da natureza" (artigo "O Gênio"). O jovem Goethe e o movimento do *Sturm und Drang* não rejeitariam esse transbordamento energético. De outro lado, a idéia de que o gênio não é sempre necessariamente sublime, podendo também ser amável, e que "o sublime e o gênio brilham (em Shakespeare) como relâmpagos em uma longa noite", enquanto "Racine é sempre belo", mostra que o Filósofo prefere já a torrente da sensibilidade e idéias em remansos mais tranqüilos e governáveis. Apolo começa a disputar a palma a Dioniso.

Um dos resultados mais fecundos desses transportes bem-pensantes encontra-se, não nos dramas que Diderot compôs, mas nas reflexões que fez sobre a arte de compô-los. Com o entusiasmo rousseauniano de Dorval nos *Colóquios sobre o Filho Natural* e com o *Discurso sobre a Poesia Dramática*, ele estabelece, sob a égide de Terêncio, Molière e dos autores ingleses Lillo e Moore, os fundamentos do *drame bourgeois*.

Entre o cômico, que é o gênero dos caracteres típicos, e o trágico, que é o da individualidade heróica, fica proposto um gênero intermediário, "comédia séria ou tragédia doméstica", que seria o gênero das "condições". Mas não se trata da tragicomédia, que é considerada mistura violenta, sem gosto nem unidade, de dois gêneros naturalmente contrastantes. Diderot concebe o novo drama como aquele em que o espectador há de deparar-se consigo próprio e com o seu "estado na sociedade: o letrado, o filósofo, o comerciante, o juiz, o advogado, o político, o cidadão", em todas as suas relações familiais, "o pai, o esposo, a irmã, os irmãos". Inicia-se, pois, a construção da "quarta parede" do teatro rea-

DENIS DIDEROT

lista-naturalista e, sobretudo, o processo de dissolução dos gêneros que viria à tona com o Romantismo, prolongando-se em maré montante até os vanguardismos de hoje. E mesmo na época, a fecundidade das idéias propostas por Diderot fez-se sentir de pronto. Não é por amabilidade que Lessing, em 1760, escreve que, "depois de Aristóteles, nenhum espírito mais filosófico do que ele [Diderot] se ocupou do teatro".

Ao mesmo período corresponde uma evolução do conceito de belo e de natureza em Diderot. O seu ponto de partida está em Platão e em Shaftesbury: o belo é assimilado à virtude e a natureza ao típico, ao universal, ao ideal, sendo a arte visão ou imitação das harmonias. Mas esta conceituação é relativizada na *Carta sobre os Cegos*, onde o belo já é associado ao útil, dependendo do dado sensorial. A tentativa que será desenvolvida parece clara: trata-se de dar uma base "real" à estética. Mas Diderot não quer dissolvê-la no fluxo das sensações. Deseja assegurar-lhe uma existência objetiva. Daí a sua idéia de alicerçá-la na "percepção das relações... único fundamento de nossa admiração e de nossos prazeres...", princípio que domina o artigo sobre "O Belo" (1751), da *Enciclopédia*.

Este trabalho, cuja leitura Kant recomenda a seu discípulo Hamann, estabelece, depois de rejeitar a idéia do belo absoluto, "duas espécies de belo em relação a nós, um *belo real* e um *belo percebido*". O primeiro é "tudo o que contém algo com que despertar em meu entendimento a idéia de relações" e o segundo, "tudo o que desperta essa idéia". Assim

> [...] quer eu pense ou não na fachada do Louvre, todas as partes que a compõem nem por isso deixam de ter esta ou aquela forma e este ou aquele arranjo entre si: quer existam ou não existam homens, nem por isso ela seria menos *bela,* mas isto somente para seres possíveis, quaisquer que sejam, constituídos de corpos e espírito como nós; pois, para outros, ela pode ser nem *bela* nem *feia*, ou mesmo ser *feia.*

A beleza é, pois, uma percepção nossa, que resulta de nossa estrutura física e mental. O ato que anima as suas virtualidades é do homem.

Contudo, uma sugestão de tipo kantiano é apenas discernível Diderot pensa o problema em termos mais empiristas e sensualistas. As relações são as idéias de origem, arranjo, simetria, mecanismo, proporção, unidade. Tanto quanto as noções de comprimento, largura, profundidade, quantidade, número, elas são positivas, claras, distintas, originando-se, como estas, da nossa experiência e da nossa faculdade de pensar. Sem elas, não podemos dar um passo: tudo o que existe em nós, fora de nós, tudo o que subsiste do passado, tudo o que a indústria, a reflexão, as descobertas produzem aos nossos olhos, no-las inculca. São elas que nos permitem qualificar as coisas e é por seu intermédio que as coisas nos revelam suas qualidades. Ora, na medida em que a palavra beleza se aplica a coisas belas, são as relações percebidas que nos abrem a sua natureza e o momento *psico-lógico* em que isso acontece é o da percepção. Mas esta, como acabamos de acentuar, encerra duplo aspecto. As relações percebidas nem sempre são claras e distintas. Às vezes podem apresentar-se indeterminadas, sendo antes um sentimento do que um pensamento. A beleza resulta, neste caso, de uma percepção confusa da riqueza e da complexidade das relações, sem que haja uma especificação de natureza intelectual. O seu objeto, embora real, situa-se apenas a meio caminho do conhecimento. Como quer que seja, porém, o princípio não é menos constante.

Não há talvez dois homens, conclui Diderot, que percebam exatamente as mesmas relações em um mesmo objeto, e que o julguem no mesmo grau *belo;* mas se houvesse um único que não fosse afetado pelas relações em qualquer gênero, seria um perfeito estúpido; e se fosse insensível somente em alguns gêneros, o fenômeno revelaria nele um defeito de economia animal; e nós ficaríamos sempre afastados do ceticismo, pela condição geral do resto da espécie.

As conseqüências dessa tese, em que o acento recai no belo intelectual, humano, relativo e factício, são menos sistemáticas do que profundas, A arte fica dimensionada segundo o homem. Faz-se à altura dele. Com isso, despoja-se de seu titanismo. Deixa de ser um êxtase entusiástico. Contém o "gênio" no "homem de gênio". Torna-se mais comedida, mais refletida e também mais sutil. O prazer que inspira é o do gosto. Dele participam quer o *connaisseur*, quer o artista. Ambos encontram na descoberta de relações o denominador comum.

Mas a reflexão estética em Diderot, como já observamos, é impulsionada por um movimento pendular. Um em direção do humano e outro do universal. Um atraído pelo belo e outro pelo sublime. Um que procura a natureza do modelo e outro, o modelo da natureza. Um que vê a arte como transcrição simbólica e outro, como cópia servil da realidade. Um que fala em "hieróglifos" e outro, em "naturalidade". Assim, não é de admirar que nos *Ensaios sobre a Pintura* prevaleça uma nota inversa à que prevalecia no artigo sobre "O Belo".

É verdade que entre um e outro medeia uma evolução de quinze anos. E neste período, a meditação de Diderot é cada vez menos uma especulação formal sobre a beleza e cada vez mais uma análise aplicada, positiva, da arte como obra. Para tanto deve ter contribuído particularmente a sua atividade de crítico. Ele próprio constata numa carta a Grimm:

Foi a tarefa que me propusestes que fixou meus olhos na tela e que me fez rodar em torno do mármore.

Dei tempo à impressão de chegar e entrar. Abri minha alma aos efeitos, deixei-me penetrar... Compreendi o que era a finura do desenho e a verdade da natureza. Conheci a magia da luz e das sombras. Conheci a cor; adquiri o sentimento da carne. Sozinho, meditei sobre o que vi e ouvi; e esses termos da arte, unidade, variedade, contraste, simetria, ordenação, composição, caracteres, expressão, tão familiares na minha boca, tão vagos em meu espírito, fixaram-se.

Em suma, neste período os seus conceitos pejam-se de "matéria" artística, logram "peso". Ao mesmo tempo, a idéia de natureza, sem deixar de gravitar em sua harmonia leibniziana, torna-se mais concreta. Além de sua unidade, sobressai-se sua multiplicidade. Ela é o objeto e os objetos. A sua luz é que diferencia e individualiza tudo: é o sol da arte.

Entretanto, não é menos verdade que, paralelamente, o espírito de Diderot já procede em sentido contrário. Nos *Salões*, o caminho é o que vai de Chardin a Vernet, de um verismo sensibilista a um romantismo verista, mas cuja objetivação maior é o realismo patético de Greuze e cujo ideal talvez seja o neoclassicismo de David. Porém, na opulência das observações críticas, onde o amor pela "coisa" se cruza com a sedução pela "técnica", onde o gosto pela pintura teatral e moralista se une ao entusiasmo pela "magia" da cor, da sensibilidade, o ponteiro oscila freqüentemente entre a idéia de que a arte imita a natureza e a de que a natureza imita a arte, ficando bastante incerta a direção da trajetória, embora no todo pareça inclinar-se para a fórmula de que "o sol da natureza não é o da arte". Mais claro, contudo, é esse sentido nos *Ensaios*.

Aí, como é sabido, a natureza desempenha o papel principal. Ela é a fonte, a medida da obra artística, e Diderot fala mesmo do seu despotismo. Mas, ao final, após algumas peripécias em que o belo artístico é definido como relativo e, no entanto, encontra uma definição absoluta na imitação da natureza, sente-se que há alguém mais nos bastidores, esperando a sua deixa. Com efeito, à pergunta de quem será melhor juiz em arte, surge a consideração: "Os homens frios, severos e tranqüilos observadores da natureza, conhecem muitas vezes melhor as cordas delicadas que é preciso dedilhar: eles fazem entusiastas, sem sê-lo". Só da razão a obra de arte pode obter o devido tributo ou, antes, daquela que possa "referi-la imediatamente à natureza. E quem é que sabe remontar até ela? Um outro homem de gênio".

O gênio lúcido ensaia assim o seu aparecimento. Mas a sua criação não nasce apenas no meio da arte. Os seus passos também se fazem sentir na moral e na ciência. Atestam-no *O Sonho de d'Alembert* e toda a temática da genialidade que percorre a obra do Enciclopedista. É, porém, no *Paradoxo sobre o Comediante* que o seu gênio se apresenta de corpo inteiro. O "grande rei, grande ministro, grande político, grande artista, sobretudo grande comediante, grande filósofo, grande poeta, grande músico, grande médico", vislumbrado em *O Sonho*, concretiza-se. Nele, o Filósofo pinta o seu modelo de homem ideal, ou pelo menos superior.

Não se trata mais, como vimos, da criatura sensível, nem do gênio entusiástico. A sua qualidade primeira tampouco é o gosto ou o bom senso. Homem que domina e se domina, espectador incansável e ator incomparável, é uma confluência da espontaneidade da natureza com a finalidade do homem, entre a visão profética e a previsão científica – encarnação olímpica e terrena do Espírito e do Universo.

Se o seu vulto ultrapassa o estrito horizonte estético, ele é, no entanto, um ser estritamente estético. A sua vida é uma obra de arte, fora ou dentro da arte. A sua imaginação é o imaginário. O seu ato é a atuação. Apolo o tutela.

E apolíneo é o momento que, na meditação de Diderot, assinala o *Paradoxo*. A recusa da sensibilidade e da identificação, no teatro, converte o desempenho em mímese ou imitação intelectual de um modelo interno. A simples expressividade emotiva, por intensa que seja, não pode moldar. É inútil apoiá-la no sistema dramático, na ação, no discurso do poeta, pois não basta imitar a natureza, é preciso imitar a "bela natureza". Só esta produz verdadeira arte. No palco ou na platéia, o ideal artístico é de certo modo o homem do ator.

Há três modelos, diz Diderot, o homem da natureza, o homem do poeta, o homem do ator. O da natureza é menor que o do poeta e o do poeta menor ainda que o do grande comediante, o mais exagerado de todos. Este monta sobre os ombros dos precedentes, e encerra-se em um grande manequim de vime, de que é a alma.

A sua superioridade está na razão direta de seu distanciamento da natureza. Mas o objetivo não é uma hierarquia das artes e, sim, dos procedimentos artísticos, da representação em geral. A sua genialidade é função da razão e da deliberação:

Os grandes poetas, os grandes atores e talvez em geral todos os grandes imitadores da natureza... São os menos sensíveis dos seres... Acham-se ocupados demais em olhar, em reconhecer e em imitar, para que sejam vivamente afetados no próprio íntimo.

Assim sendo, diz o homem do *Paradoxo*, haverá alguém "mais profundo, mais hábil em fingir a alegria, a tristeza, a sensibilidade, a admiração, o ódio, a ternura, do que o velho cortesão?" Diderot encerra, pois, o seu diálogo com a arte, para reencetá-lo com o mundo. E talvez, mais ainda, com a posteridade.

De fato, homem da encruzilhada, colocado entre materialismo e idealismo, racionalismo e empi-

DENIS DIDEROT

rismo, transformismo e fixismo, esteticismo e moralismo, tudo nele foi exercício dramático. Filosofia, arte e ciência são os pretextos de sua ininterrupta conversação com a vida e sobre a vida. No curso dela, o seu espírito brilha como um dos maiores do século XVIII. A curiosidade insaciável, a emotividade sempre renovada diante dos grandes espetáculos, a originalidade de suas intuições e o atrevimento de suas ilações levam-no de campo em campo a semear idéias e a colher contestações. Amiúde tempestuosas e algumas vezes consagradoras. Mas em grande parte este colóquio foi com o futuro. Não só porque aspectos essenciais de sua obra permaneceram inéditos em sua época, mas também porque o seu gênio foi sobretudo o de um precursor. O debate de Diderot com o seu tempo já é com os novos tempos. Ou, se se quiser, inverta-se a imagem: Diderot dialoga hoje com o seu século.

Cronologia

1713
- Nasceu em Langres, em uma família de artesãos abastados (o pai é mestre cuteleiro).

1726
- Destinado pela família à carreira eclesiástica, estudou com os jesuítas, em Langres, e foi tonsurado.

1728
- Prossegue os estudos em Paris, no colégio de Harcourt.

1732

- Recebe o grau de bacharel em Artes pela Universidade de Paris.

1742

- Trava amizade com Jean-Jacques Rousseau e Grimm.

1743

- Casa-se com Antoinette Champion, contra a vontade do pai.

1746

- O editor Lebreton contrata-o para traduzir a *Cyclopaedia* de Chambers.

1747

- É encarregado, com d'Alembert, de dirigir a redação da *Encyclopédie* (*Enciclopédia*).

1749

- É detido e encarcerado em Vincennes por causa da publicação da *Lettre sur les aveugles* (*Carta sobre os Cegos*).

1750

- Sai o discurso prelimenar da *Enciclopédia*. Entre os seus verbetes mais célebres e de grande repercussão pública, figura o artigo sobre a "Autoridade Política".

1751

- Publica *Lettre sur les sourds et muets* (*Carta sobre Surdos e Mudos*) e suas *Additions* (*Adições*).

1752

- Sai do prelo o tomo I da *Enciclopédia*

1753

- Nascimento da filha, Marie-Angélique.

1756

- Liga-se a Sophie Volland.

1757

- Aparece o tomo VII da *Enciclopédia*. O artigo "Genebra" provoca vivos protestos do partido devoto e o rompimento com Rousseau.

1758

- Aparece *De la poésie dramatique* (*Da Poesia Dramática*), cujo capítulo final discorre sobre "Autores e Críticos".

1759

- A *Enciclopédia* é condenada como subversiva pelo Parlamento. O rei revoga a licença de impressão e ordena a queima dos sete volumes publicados. O Papa coloca a obra no *Index*. Os manuscritos em poder do Enciclopedista são apreendidos, mas seu amigo Malesherbes, chefe da polícia, os esconde em sua casa. Diderot lança-se à crítica de Arte, iniciando *Les Salons* (*Os Salões*), série de nove ensaios publicados até 1781.

1762

- Edição de *Éloge de Richardson* (*Elogio a Richardson*).

1765

- Os dez últimos tomos da *Enciclopédia*, impressos secretamente na Holanda, aparecem com endereço falso. Catarina II compra a biblioteca de Diderot, para que ele possa prover o dote de casamento da filha.

1766

- Término do *Salão de 1765*, que inclui o escrito intitulado "Fragonard" e os "Essais sur la peinture" ("Ensaios Sobre a Pintura"), editados separadamente em 1795.

1769

- Composição do *Entretien entre d'Alembert et Diderot* (*Diálogo entre d'Alembert e Diderot*), do *Rêve de d'Alembert* (*O Sonho de d'Alembert*) e dos *Principes philosophiques sur la matière et le mouvement* (*Princípios Filosóficos Sobre a Matéria e o Movimento*). "Regrets sur ma vieille robe de chambre"

("Lamentações Sobre Meu Velho Robe"), fragmento do *Salão de 1767*, é divulgado pela *Correspondance littéraire*.

1771

- A *Correspondance littéraire* difunde o *Entretien d'un père avec ses enfants* (*Colóquio de um Pai com seus Filhos*).

1772

- Aparece *Sur les femmes* (*Sobre as Mulheres*). Conclusão de *Ceci n'est pas un conte* (*Isto não é um Conto*) e *Mme de La Carlière*. Primeira versão do *Supplément au Voyage de Bougainville* (*Suplemento à Viagem de Bougainville*). Edição de *Traité du Beau* (*Tratado Sobre o Belo*).

1773

- Esboça o *Paradoxe sur le comédien* (*Paradoxo Sobre o Comediante*), viaja para a Rússia e para a Holanda.

1774

- Delineia o *Entretien d'un philosophe avec Mme la maréchale* (*Diálogo de um Filósofo com a Marechala*).

1784

- Diderot morre em Paris, no dia 30 de julho.

COLEÇÃO VIDAS E IDÉIAS

1. *Sigmund Freud – A Conquita do Proibido* – Renato Mezan

2. *Dante Alighieri – O Poeta do Absoluto* – Hilário Franco Jr.

3. *Dennis Diderot – O Espírito das "Luzes"* – J. Guinsburg

Título	*Denis Diderot:*
	O Espírito das "Luzes"
Autor	Jacó Guinsburg
Projeto Gráfico	Ricardo Assis
Capa	Yvoty Macambira
Produção Editorial	Ateliê Editorial
Editoração Eletrônica	Amanda E. de Almeida
	Aline E. Sato
Administração Editorial	Valéria C. Martins
Formato	12 x 18 cm
Tipologia	Adobe Garamond 12/16
Papel de capa	Cartão Supremo 250 g/m²
Papel de miolo	Pólen Rustic Areia 85 g/m²
Número de páginas	128
Fotolito	Macincolor
Impressão	Lis Gráfica